Connaître et se connaître

A BASIC READER FOR COMMUNICATION
SECOND EDITION

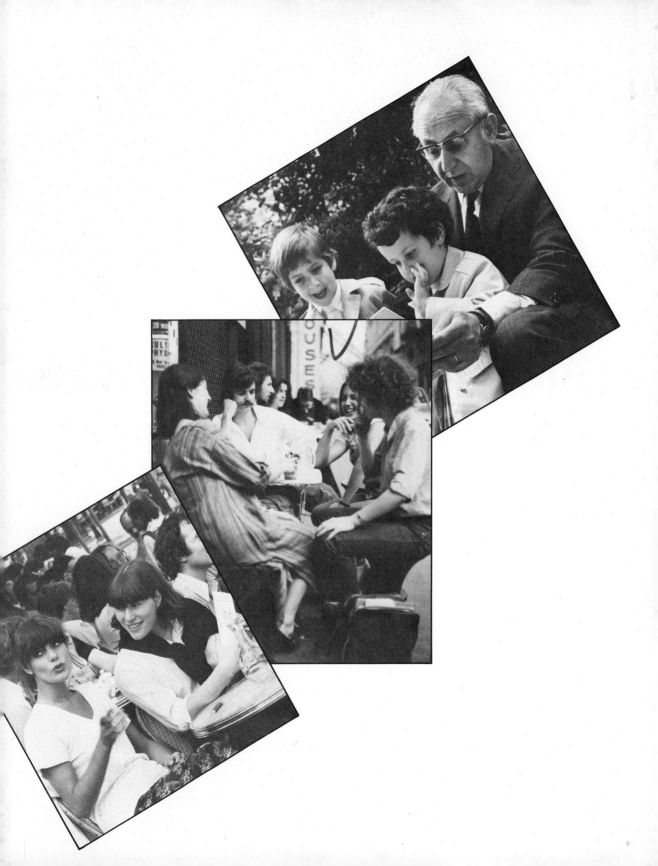

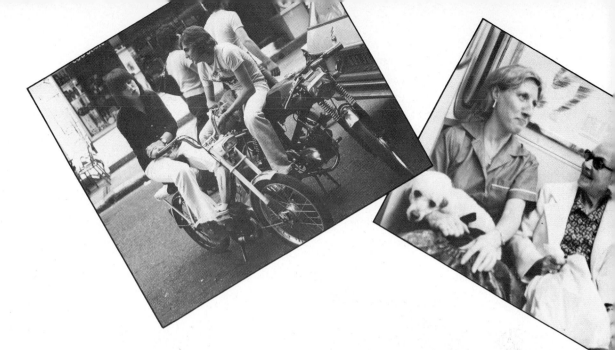

Connaître et se connaître

A BASIC READER FOR COMMUNICATION
SECOND EDITION

Gilbert A. Jarvis

Thérèse M. Bonin

Donald E. Corbin

Diane W. Birckbichler

THE OHIO STATE UNIVERSITY

HOLT, RINEHART AND WINSTON

New York   San Francisco   Toronto   London

Illustration credits (by page number):

Cover design by Nicole Hollander, also drawings on pages 33, 56, 64, 77, 80 (both), 86, 103, 118, 129.
Book design by Carmen Cavazsos, also drawings on pages 13, 36, 62, 78, 115.
Art by Marc Tauss: 2, 5, 6, 19, 22, 46, 54, 73, 74, 81, 88, 89, 110, 117, 153, 158.

© Photo Researchers, Inc.: 3, 8 (both), 59, 101; © Peter Menzel: 4, 10, 15, 49, 70, 74, 93, 113, 146; © Fournier Schlegal from Photo Researchers, Inc.: 8; United Press International, Inc.: 12, 105; French Embassy Press & Information Division: 14 (both), 15, 92, 162, 164; DPI, Inc.: 20; © 1980 by Dorka Raynor: 24, 28, 43, 156; © Mickey Pallas from DPI, Inc.: 26; © Max Tortel from DPI: 32 (both); autographs from Kohns Collection, Manuscripts and Archives Division, New York Public Library, Astor, Lenox and Tilden Foundations: 34; courtesy of Club Med: 39 (all); Services Culturels de l'Ambassade de France: 52, 124; © Patrick Frilet from SIPA Press: 53; Robert Rapelye from Editorial Photocolor Archives, Inc.: 65, 160; Editorial Photocolor Archives: 66, 112, 140, 164; © Monique Manceay from Photo Researchers, Inc.: 68; Alain Keler from Editorial Photocolor Archives: 73, United Nations photo: 98; diagram courtesy of *Guide France*: 107; Documentation française bibliothèque: 108; courtesy Editeur Officiel du Québec: 114; Henri Cartier-Bresson from Magnum: 116; © Harold S. Jacobs from DPI: 122; H. Roger Viollet: 124; © Helena Kolda: 131; © Richard Frieman from Photo Researchers, Inc.: 137; © Christophe Kuhn from Photo Researchers, Inc.: 144; courtesy Renault: 157 (both); courtesy of Société d'Aménagement de l'Outaouais: 166 (both), 169.

Library of Congress Cataloging in Publication Data

Main entry under title:
Connaître et se connaître.
 1. French language—Readers. I. Jarvis,
Gilbert A.
PC2117.C73 _1980_   448'.6'421   79-22884
ISBN 0-03-050596-8

Connaître et se connaître
by Gilbert A. Jarvis, Thérèse M. Bonin, Donald E. Corbin, and Diane W. Birckbichler

Copyright © 1980, 1976 by Holt, Rinehart and Winston

All Rights Reserved

PRINTED IN THE UNITED STATES OF AMERICA

0 1 2 3 4 5 039 9 8 7 6 5 4 3 2

CONTENTS

PREFACE

TO THE SECOND EDITION

Communication—in the fullest sense of the term—is one of the most important goals of foreign-language learning. Yet, in too many foreign language classes functional communication practice continues to be neglected. One observes students listening, speaking, reading, and writing—all with little "meaning-full" use of the language.

Connaître et se connaître, A Basic Reader for Communication, has been designed to develop the ability to communicate—the ability to send or receive messages in any language skill. Students enjoy expressing their own ideas, whether opinions about major world issues or reactions to small events in their own lives. They enjoy discovering what an author has written about topics of interest to them, especially when the reading is within their range of competence. *Connaître et se connaître* therefore presents adapted authentic readings from contemporary French magazines, followed by learning activities that involve meaningful and functional use of French rather than pattern drills or pseudo-communicative exercises.

The second edition of *Connaître et se connaître* retains the successful features of the first edition and incorporates improvements suggested by users of the first edition. One third of the readings have been changed. The new readings reflect, in particular, many different areas of the French-speaking world and include topics of current interest. Many learning activities in the remaining chapters have been modified or replaced to make the chapters more diverse and attractive. The *"Aide-lecture"* sections ("Reading Hints") have also been expanded to include an application exercise.

What has not changed is an emphasis upon content that appeals to today's students, a commitment to meaningful use of French, and an effort to develop cross-cultural understanding. The goal of *Connaître et se connaître* is to provide valid learning experiences that are consistent with current instructional goals and that assure positive feelings about the study of French.

INTRODUCTION

TO THE TEACHER

Students learning to read French want to receive messages or information that *matters to them.* Students learning to speak or write French want to send messages that *matter to them.* Today's textbook must therefore provide highly interesting content as well as the means for developing all communication skills. *Connaître et se connaître* has been designed to foster *real* communication in French. The reading selections are diversified and will appeal to most students. Development of the ability to communicate in any of the language skills is the purpose of the *"Activités"* that follow each reading selection. (The book contains no pattern drills or grammatical exercises.) These *"Activités"* focus on communication, but they are not restricted to any one language skill. They can be done through speaking-listening, reading-writing, or other combinations of these skills. They can be done in large groups, small groups, or individually. Some can be omitted; some can be expanded. Many are intentionally open-ended. Often value judgments are involved, so that students can really communicate what they think, feel, and believe. Thus, instead of wrong answers there are many right answers. The flexibility of this format enables teachers and students to develop these *"Activités"* in any direction that seems appropriate. Rather than having one particular way of teaching imposed by anonymous textbook authors, the teacher must make decisions about the best way for his/her students to achieve their goals.

Organization

The 24 chapters in *Connaître et se connaître* are arranged in three levels (parts). The *"Première Partie"* (the first ten chapters) is written entirely in the first 500 words of *Le Français fondamental*, plus recognizable cognates. All other words are glossed in the margin. Structures are limited to the most simple, and only the present tense is used. The *"Deuxième Partie"* adds the next 500 words of *Le Français fondamental*, the *passé composé*, future tenses, and reflexive verbs. The *"Troisième Partie"* uses the next 500 words of *Le Français fondamental* and adds the conditional and imperfect tenses. Thus, the entire book is written within the first 1500 words of *Le Français fondamental* and cognates, and there is a clear progression in difficulty. To assure student comprehension, directions in the *"Première Partie"* are given in English. Beginning in the *"Deuxième Partie"* directions are given in simple French. This textbook is most widely used in the latter half of a first-year college course or by the beginning of a second-year high school course.

Each chapter of the book is divided into two parts:
1. *Reading Selection:* high-interest readings of cultural or human-interest significance, most of them adapted from articles in contemporary French magazines, followed by (a) *"Notes culturelles"*: information on cultural topics related to the reading selections (in English in the beginning chapters, then in French); and (b) *"Aide-lecture"*: specific suggestions to the student on the development of reading skill. An application exercise follows.
2. *"Activités"*: communication practice in any language skill. These can be used as the basis for in-class work, small-group practice, or home preparation.

An "Introduction to the Student" has been included because the book differs in organization and purpose from the conventional language text in ways that are important for the student to understand.

INTRODUCTION

TO THE STUDENT

As a student, you expect to be involved in shaping your own education, in determining your own future. You need to know the overall goals of a course or textbook, why you are asked to perform certain tasks, and what you will learn as a result. *Connaître et se connaître* has five main goals: (1) development of reading skill in French, (2) development of listening, speaking, and writing skills in French, (3) discovery of the pleasures of reading in a foreign language, (4) exploration of the differences between French-speaking cultures and your own culture, and (5) cultivation of an awareness of your own nature—what you really are, how you are unique, how you are like others.

Although the reading topics are varied and interesting to most people, we realize that some topics will be more attractive to you than others. Some are serious, some are light. We hope that none sound "textbookish." The difficulty of the material increases gradually throughout the book. To make the entire reading process more efficient and pleasant, try to use the dictionary as little as possible.

Following each reading selection are *"Notes culturelles"* and an *"Aide-lecture."* The *"Notes culturelles"* provide information on cultural differences that may have been mentioned or referred to in the reading selection. The *"Aide-lecture"* explores aspects of the reading process and is intended to develop skill in reading French.

Many of the readings are intentionally chosen to highlight differences between cultures. We hope that you will develop insights into the ways cultures differ and a "new pair of eyes" for viewing other cultures as well as your own. The "human-interest" readings provide opportunities for learning about yourself and others.

Most of the activities after the reading selections can be done in multiple ways, depending on your particular purpose and learning style. They do not force every student to do the same things or to "come up with" single right answers. You will have to make some decisions yourself rather than having them made by the authors or your instructor. There is, therefore, considerable potential for learning how you best learn.

You may be learning all the language skills (listening, speaking, reading, and writing), or you may be developing only one or two of them. It is important to remember a very simple principle: you learn the skill(s) you practice or use, but no others. If you are trying to develop oral skills, you must hear and speak French. Practicing reading or writing is not sufficient. There is no magical transfer between skills.

All the activities involve meaningful practice. There are many opportunities for expressing your own ideas and feelings as well as for receiving the ideas of others.

The Reading Process

Reading always involves attaching meaning to printed words. It is a successful process when the meaning attached reflects the meaning that the writer had in mind. Thus, accuracy as well as efficiency is important in reading. Both can be achieved through a strategy referred to in several "reading hints" as *logical contextual guessing.* Basically, it involves identifying the appropriate meaning of a smaller part of the reading material, like a word, by looking at a large portion.

Initially, you will probably relate French words to English words. You will talk about meaning in terms of English. There is nothing wrong with this strategy, but it should be recognized that reading is much more accurate and efficient when you do not need to relate French to English—when meaning is perceived directly. The technique of translating word for word is often slow and tedious, and sometimes thoroughly misleading. Instead of translating, try to read a larger segment. You will know most of the words, and often the one or two that are not familiar will become meaningful as you read. If, for example, you do not know the word *déjeuner*, the meaning becomes clearer when you read beyond the word: *Jean veut déjeuner. Il est midi et il a faim.* This is a process similar to the one we use in English. If you have never encountered the word *detergent*, you do not immediately run to the dictionary when you see it in a context like "Mrs. Jones ran to the supermarket to get a new detergent.

Her old one simply wasn't getting her clothes clean." The context helps to clarify the meaning.

We recommend, therefore, that first you read the entire passage to get as much meaning as you can. Do not take time to look up words. Then read it again, guessing at the meanings of words you do not know. Finally, read it a third time for more complete meaning, looking up words you are still unsure of if it will make you feel more comfortable. We think this strategy will save you time compared to the translation approach. Try it. If it is not successful for you, it can still serve as a point of departure in your search for your own best reading strategy.

Première Partie

CHAPITRE UN

J'adore, je déteste

singer

Les teenagers français, comme tous les teenagers, aiment connaître leurs idoles. Pour satisfaire leur curiosité, le magazine des teenagers français Salut les Copains pose souvent ces deux questions aux idoles des jeunes: Qu'est-ce que vous adorez? Qu'est-ce que vous détestez? Voici la réponse d'un jeune chanteur.

J'ADORE

J'adore la discrétion.
J'adore les gens dynamiques et indépendants.
J'adore la cuisine de ma mère.
J'adore dormir longtemps. J'adore jouer du piano.
J'adore les enfants.
J'adore les plantes aromatiques.
J'adore écouter des disques avec mes amis.
J'adore marcher *pieds nus*.   barefoot
J'adore les gens amusants. J'adore les films d'aventure.
J'adore les vieilles maisons. J'adore les animaux.
J'adore le chocolat.
J'adore le téléphone. J'adore les voitures de sport.
J'adore porter des «blue-jeans».
J'adore les *chansons* de Jacques Brel.   songs
J'adore décorer un appartement. J'adore les jolies filles.
J'adore Paris. J'adore le ski nautique.
J'adore le jazz et les vieilles chansons folkloriques.
J'adore les longs voyages.

JE DETESTE

Je déteste les pyjamas.
Je déteste la brutalité des matches de boxe.
Je déteste la *pluie*.   *rain*
Je déteste les appartements ultra-modernes.
Je déteste prendre l'autobus. Je déteste la vulgarité.
Je déteste les terrains de camping.
Je déteste les personnes qui parlent tout le temps.
Je déteste les moustaches. Je déteste la mentalité bourgeoise.
Je déteste la soupe et les carottes.
Je déteste la pollution. Je déteste les uniformes.
Je déteste les cigarettes américaines.
Je déteste la violence.
Je déteste les dimanches en famille. Je déteste les snack-bars.
Je déteste les serpents.
Je déteste les hommes politiques. Je déteste l'hypocrisie.
Je déteste aller chez le dentiste.
Je déteste porter une *cravate*. Je déteste attendre.   *tie*
Je déteste les disques de musique classique.

Extrait et adapté d'un article de *Salut les Copains*

Notes Culturelles

Americans tend to imagine that French people spend much of their leisure time sitting and socializing in neighborhood cafés. But this stereotype is not accurate. The favorite pastimes of the French are in fact going for drives and watching television. As recent surveys have shown, going to cafés is actually among the least popular activities—along with hunting and fishing. Other diversions enjoyed by French people include taking care of gardens and houses; entertaining guests; reading; sewing or knitting; participating in sports; going to movies; and attending concerts, the theater, and art exhibits.

Similarly, French Canadians identify television as one of their favorite pastimes. They also like to listen to the radio; read magazines, books, and newspapers; and visit friends and relatives, according to a Canadian government survey. Movies and sports events are very popular with French Canadians, while the opera and classical music concerts are considered less enjoyable. Bicycling is the most popular active sport, and swimming and skiing are widely enjoyed as well.

In French as in English, several words are often derived from a single base form. If you can recognize words that are related, you increase your vocabulary significantly without a great deal of effort. Below are some examples based on words in the reading passage.

Verb	Noun Performer of action	Noun Action performed
chanter	le chanteur la chanteuse	la chanson le chant
décorer	le décorateur la décoratrice	la décoration le décor
vendre	le vendeur la vendeuse	la vente
voyager	le voyageur la voyageuse	le voyage
camper	le campeur la campeuse	le camping
travailler	le travailleur la travailleuse	le travail

To practice using related words, complete each sentence by supplying a noun or verb that is derived from the same base form as the word in italics. Consult the preceding list if necessary.

1. Jacques Brel est un *chanteur*. «Ne me quitte pas» est une de ses _____.
2. J'adore les longs *voyages*. Et vous, préférez-vous _____ ou rester à la maison?
3. Pierre Lenoir *travaille* dans une banque; il aime son _____ et son directeur est très content de lui.
4. Nous faisons du *camping* ce week-end; je connais un terrain de camping où il n'y a pas trop de _____ .
5. Regardez cette *vendeuse*; elle va _____ du parfum à ce monsieur.
6. Qui va *décorer* votre nouvel appartement? Est-ce une _____ professionnelle?

Activités

A. Compréhension du texte

1. Est-ce que ce jeune homme déteste les voyages?
2. Est-ce qu'il déteste les terrains de camping?
3. Est-ce qu'il adore la soupe et les carottes?
4. Est-ce qu'il adore les gens dynamiques?
5. Est-ce qu'il déteste porter une cravate?
6. Est-ce qu'il adore ou déteste les animaux?
7. Est-ce qu'il adore ou déteste les hommes politiques?
8. Est-ce qu'il adore ou déteste la violence?
9. Est-ce qu'il adore ou déteste les personnes qui parlent beaucoup?
10. Est-ce qu'il adore ou déteste les vieilles maisons?

B. Et vous?

1. Est-ce que vous détestez aller chez le dentiste?
2. Est-ce que vous détestez attendre?
3. Est-ce que vous adorez ou détestez les moustaches?
4. Est-ce que vous adorez ou détestez marcher pieds nus?
5. Préférez-vous les appartements modernes ou les vieilles maisons?
6. Préférez-vous aller au concert ou écouter des disques?
7. Qu'est-ce que vous préférez—le jazz, la musique classique, la musique pop ou la musique disco?
8. Est-ce que vous préférez manger chez vous ou manger au restaurant?

C. Êtes-vous un bon détective?

Imagine that you have discovered the items shown in Luc Legrand's dresser drawer. On the basis of these clues, describe what you think he likes to do. Create a separate sentence for each item.

Exemple: Il aime la musique moderne.

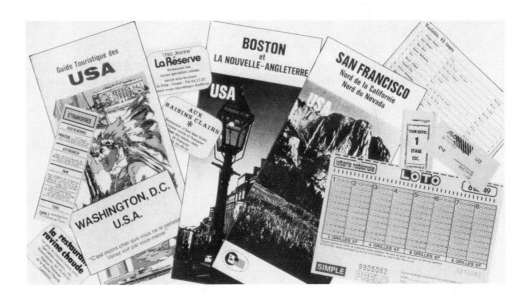

D. Préférences

Construct original sentences expressing your own likes and dislikes by combining elements from each column or by creating your own. Then formulate questions that you would like to ask other students about their preferences.

	voyager
	danser
	parler français
	les films amusants
	les voitures de sport
	l'argent
	travailler
J'adore	aller en classe tous les jours
J'aime	les examens
J'aime bien	sortir avec des amis
J'aime assez	aller au cinéma
Je n'aime pas beaucoup	les matches de football à la télévision
Je n'aime pas	manger au restaurant
Je déteste	le chocolat
	le camping
	la politique
	jouer au tennis
	les beaux garçons
	les filles intelligentes
	conduire une voiture
	?

E. Je suis comme je suis

Complete each statement by selecting one or more of the choices or by creating an answer of your own.

1. Je suis content(e) quand . . .
   a. je suis avec mes ami(e)s
   b. j'écoute mes disques préférés
   c. il fait beau
   d. ?

2. Je ne suis pas content(e) quand . . .
   a. j'ai beaucoup de travail
   b. je suis seul(e) à la maison
   c. je suis obligé(e) d'attendre
   d. ?

3. Je suis enthousiaste quand . . .
   a. je regarde un match de basket-ball
   b. j'ai la possibilité de voyager
   c. j'ai une bonne idée
   d. ?

4. Je suis furieux(-euse) quand . . .
   a. quelqu'un m'insulte
   b. je perds mon argent
   c. je n'ai pas assez de temps
   d. ?

5. Je suis fatigué(e) quand . . .
   a. je travaille trop
   b. je dors moins de huit heures
   c. mon travail n'est pas intéressant
   d. ?

6. Je suis curieux(-euse) quand . . .
   a. mes ami(e)s parlent de moi
   b. un télégramme arrive
   c. je vois beaucoup de gens ensemble
   d. ?

7. Je suis jaloux(-ouse) quand . . .
   a. mon ami(e) sort avec un autre garçon ou une autre fille
   b. mes ami(e)s ont plus d'argent que moi
   c. mes ami(e)s ont plus de succès que moi
   d. ?

8. Je suis impatient(e) quand . . .
    a. je suis obligé(e) d'attendre
    b. j'attends une visite importante
    c. je veux téléphoner et la ligne est occupée
    d. ?

F. Réactions

Complete the sentences by telling how you react in each situation.

1. Quand je suis seul(e) à la maison, je . . .
2. Quand il fait mauvais, je . . .
3. Quand j'écoute mes disques préférés, je . . .
4. Quand je regarde un match de football, je . . .
5. Quand je suis avec mes ami(e)s, je . . .
6. Quand je vois un accident, je . . .
7. Quand le téléphone sonne, je . . .
8. Quand je suis en vacances, je . . .

G. Points de vue

1. Imaginez que vous êtes un(e) touriste français(e) qui visite les États-Unis. Qu'est-ce que vous aimez et qu'est-ce que vous détestez dans ce pays?
2. Imaginez que vous êtes une vieille dame ou un vieux monsieur de 75 ans. Qu'est-ce que vous aimez et qu'est-ce que vous détestez?

CHAPITRE DEUX

Etre français

Être français, qu'est-ce que ça signifie? Un sondage *d'opinion*   *survey*
organisé par l'Express *vous donne la réponse.*

1. Etre français

Quelles sont les trois caractéristiques principales dans la définition de
votre identité?

Le *fait* d'être français	60%	Votre sexe	24%	*fact*
Votre âge	38%	Votre religion	13%	
Votre profession	35%	Votre race	8%	
Votre classe sociale	31%	Sans opinion	7%	

2. Et la France, qu'est-ce que c'est pour vous?

À votre *avis*, quels sont les attributs qui caractérisent le mieux la France?   *opinion*

Liberté	61%	Improvisation	11%	
Tolérance	33%	Modération	5%	
Générosité	29%	*Mesquinerie*	5%	*pettiness*
Chauvinisme	24%	Futilité	4%	
Égalité	17%	Impérialisme	4%	
Prétention	13%	Sans opinion	5%	*pretentiousness*
Grandeur	12%			

3. Les dangers qui menacent la France

Quels sont, à votre avis, les principaux dangers qui menacent la France?

Le communisme	20%	Le séparatisme régional	10%	
La surpopulation, spécialement		L'unification de l'Europe	7%	
dans les pays sous-développés	19%	Les Américains	4%	
Les Arabes	17%	Les Allemands	3%	
Les compagnies multinationales	16%	Le socialisme	2%	
Les Russes	15%	Les *Juifs*	2%	*Jews*
Les Chinois	14%	Sans opinion	27%	

4. Les amis de la France

Quels sont les *meilleurs* amis de la France?   *best*

L'Allemagne de l'Ouest	33%	Le Luxembourg	7%	
Les États-Unis	22%	La Hollande	6%	
La Belgique	20%	La Suisse	5%	
La Grande Bretagne	16%	La Chine	3%	
L'Italie	8%	L'Union Soviétique	2%	
Un pays d'Afrique Noire	8%	D'autres pays	22%	
L'Espagne	7%	Sans opinion	37%	

Extrait et adapté d'un article de *l'Express*

Notes Culturelles

Over the past hundred years, France and Germany have been on opposite sides in three major wars—the Franco-Prussian War, World War I, and World War II. Despite the bitter aftermath of these wars, however, French antagonism toward Germany has gradually diminished. In particular, young people, who did not experience the war, have positive and friendly feelings about the German people. Among the French in general, there still seems to exist some ongoing concern about a possible rebirth of aggressive German nationalism, but at the same time, there is great admiration for the economic progress Germany has made in recent years. Many people also believe that France and Germany have been brought closer together by the economic, social, and political concerns they share.

Aide-Lecture

One of the major advantages an English-speaking person learning to read French enjoys is the resemblance between French and English words. Many French words, called *cognates*, are spelled exactly the same as in English (for example, **profession, race, improvisation**), or are the same except for the addition of an accent (**âge, modération**). Other French words differ from English by only a few letters (**liberté, impérialisme, américain**). The meanings of cognates or near-cognates are not always identical, but they are usually close enough to the English to provide clues. On the other hand, the pronunciation of these words differs markedly in French and in English. Because this chapter's reading passage contains many cognates and near-cognates, it is a good example of how such words can increase your vocabulary without adding to your memory load. Make a list of the cognates and near-cognates that appear in this reading. What patterns of correspondence between the French and English spellings do you note?

Activités

A. Compréhension du texte

On the basis of the information given in the reading, indicate whether each statement is true or false. If a statement is false, reword it to make it true.

1. La religion occupe une place très importante dans la vie des Français.
2. La classe sociale d'un Français est l'aspect le plus important de son identité.
3. Le fait d'être français est d'importance très secondaire pour beaucoup de Français.
4. Les Français associent rarement l'idée de liberté et de tolérance à leur pays.
5. Pour les Français, la qualité la plus importante de la France est sa grandeur.
6. La plupart des Français ont très peur de l'unification de l'Europe.
7. L'Allemagne continue à être considérée comme l'ennemi principal de la France.
8. Beaucoup de Français n'aiment pas les Américains.

B. Et vous?

1. Using the choices given in *l'Express* survey or adding your own ideas, tell what it is like to be an American. Compare your answers with those of the French people interviewed.

   a. Quels sont les trois éléments qui sont les plus importants dans la définition de votre identité?
   b. Quels sont les principaux dangers qui menacent les États-Unis?
   c. Quels sont les meilleurs amis des États-Unis?

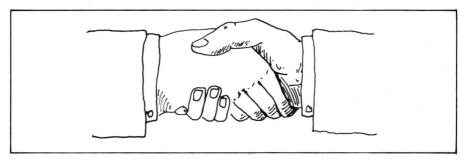

2. What does the United States represent for you? Complete the following sentence by using the suggestions provided or by adding others.

Pour moi, les États-Unis représentent . . .

la liberté, l'impérialisme, la grandeur, la modération, l'individualisme, le conformisme, le chauvinisme, la générosité, la tolérance, la diversité, le matérialisme, la prospérité, un pays riche en traditions, le pays de la technologie et du confort, le pays idéal, un pays riche en beautés et en ressources naturelles, **?**

C. Connaissez-vous la France?

To find out how much you know about the different regions of France, choose the appropriate response(s) to complete each statement. Then check your answers with those provided.

1. Si vous voyagez sur la Côte d'Azur, vous pouvez voir . . .
   a. de très hautes montagnes
   b. la mer Méditerranée
   c. de très belles maisons où habitent beaucoup d'actrices et d'acteurs de cinéma

2. Si vous voyagez dans le nord de la France, vous allez traverser . . .
   a. une région industrielle
   b. de hautes montagnes
   c. des forêts de pins

3. Si vous habitez en Alsace, vous pouvez . . .
   a. visiter des villages pittoresques construits dans le style alle-
      mand
   b. faire une excursion sur le Rhin
   c. faire du ski toute l'année

4. Si vous passez vos vacances en Provence, vous allez pouvoir . . .
   a. voir de nombreux monuments construits par les Romains
   b. visiter la célèbre cathédrale de Chartres
   c. jouer à la pétanque, un sport populaire dans le midi de la
      France.

5. Si vous passez quelque temps dans la vallée de la Loire, vous allez
   pouvoir . . .
   a. visiter les magnifiques châteaux de la Loire
   b. perfectionner votre français parce qu'on dit que c'est là qu'on
      parle le français le plus pur
   c. voir partout des traces de l'influence espagnole

6. Si on vous invite à passer quelque temps en Bretagne, vous allez
   peut-être avoir l'occasion de . . .
   a. faire une excursion en Normandie et visiter le Mont-St-Michel
   b. faire l'ascension du mont Blanc
   c. admirer les costumes folkloriques que beaucoup de vieilles
      femmes portent encore

Réponses: 1. b, c; 2. a; 3. a, b; 4. a, c; 5. a, b; 6. a, c.

D. La diversité américaine

Like France, the United States is made up of many varied regions. Use the suggestions given or add your own ideas to tell what each area or city represents to you.

Exemple: Pour moi, la Floride évoque immédiatement les vacances, le beau temps, la mer et la liberté.

1. le Texas
2. la Nouvelle-Angleterre
3. le Far-Ouest
4. le Mid-Ouest
5. la Floride
6. le Nord-Ouest
7. Hawaii
8. l'Alaska
9. San Francisco
10. le Sud
11. New York
12. la région où j'habite
13. ?

Suggestions

les montagnes, le désert, l'océan, les grandes villes, l'époque des pionniers, la solitude, la tranquillité, la monotonie, la médiocrité, une région très industrielle, l'histoire et la tradition, l'hospitalité, les vacances, le dynamisme, le gigantisme, la prospérité, l'agriculture, l'élégance et la culture, l'époque coloniale, **?**

E. Géographie de l'Europe

1. Identify each country on the map and place its number beside the country's French name. The French names for the inhabitants of each country are also given.

_____la France	les Français
_____le Portugal	les Portugais
_____la Belgique	les Belges
_____l'Allemagne	les Allemands
_____le Luxembourg	les Luxembourgeois
_____la Suisse	les Suisses
_____l'Autriche	les Autrichiens
_____la Hollande	les Hollandais
_____la Russie	les Russes
_____le Danemark	les Danois
_____l'Italie	les Italiens
_____la Pologne	les Polonais
_____l'Angleterre	les Anglais
_____la Suède	les Suédois

_____la Finlande   les Finlandais
_____l'Irlande   les Irlandais
_____l'Espagne   les Espagnols
_____la Norvège   les Norvégiens
_____la Bulgarie   les Bulgares
_____la Tchécoslovaquie   les Tchèques
_____la Grèce   les Grecs
_____la Hongrie   les Hongrois
_____la Yougoslavie   les Yougoslaves
_____la Roumanie   les Roumains
_____l'Albanie   les Albanais

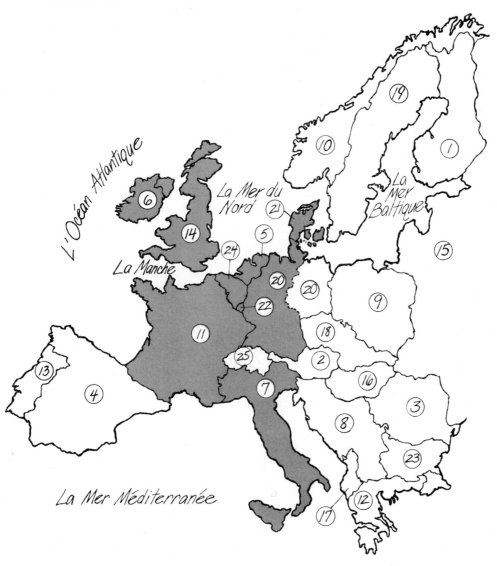

2. The countries that form the European Common Market are indicated in gray on the map. What are the names of the inhabitants of each of these countries?

CHOISISSEZ VOTRE EUROPE

F. Points de vue

1. Etre étudiant(e), qu'est-ce que cela signifie pour vous? Et être jeune?
2. Que savez-vous au sujet de la France et des différentes régions françaises? Vous pouvez mentionner des faits historiques, géographiques, culturels ou économiques.

CHAPITRE TROIS

L'Enfer

«C'est un véritable *enfer*», dit-on souvent. Mais est-ce que l'enfer existe vraiment? Qu'est-ce que c'est que l'enfer? Demandez à vos amis, sollicitez les opinions sur ce sujet *brûlant*.

hell

très chaud

Pour commencer, voyons l'opinion de quelques auteurs illustres:

«L'enfer, c'est les autres», dit Sartre.

«L'enfer, c'est l'absence», écrit Verlaine.

«L'enfer, c'est la solitude», proclame Victor Hugo.

«L'enfer, c'est ne pas aimer», affirme Bernanos.

«L'enfer, c'est la *vieillesse*», constate La Rochefoucauld.

quand on est vieux

Mais, à côté de ces enfers illustres, il y aussi les enfers des gens ordinaires, les enfers de tous les jours.

L'enfer, c'est les détergents, pensent tristement les pauvres *poissons* de la rivière. Pour l'automobiliste parisien, l'enfer, c'est ne pas trouver une place pour sa voiture. Pour le campeur, c'est la *pluie* qui tombe pendant toutes ses vacances. Pour les jeunes étudiants, c'est le jour du baccalauréat. Pour un Français, c'est être obligé de faire comme tout le monde. Pour le politicien, c'est quand tous les journaux donnent la préférence à son rival. Pour un *chat*, c'est habiter une rue où il y a beaucoup de *chiens*. Et pour un étudiant de français, l'enfer, c'est être obligé de chercher tous les mots dans le dictionnaire.

fish

rain

cat/dogs

Alors, quelle est votre conclusion? Qu'est-ce que c'est que l'enfer? Chaque personne l'imagine d'une façon différente. Et puis, l'enfer des uns, c'est le paradis des autres! Alors, il faut être philosophe et prendre la vie comme elle vient.

Notes Culturelles

Although **l'enfer** can be many different things for different people, for Parisians it often involves problems of driving their cars and of traffic. In a city built for horses and carriages, heavy automobile use has created many problems. Traffic jams have become the norm and parking places are limited, yet few streets can be widened without destroying many of the historically significant aspects of the city. Traffic is particularly frustrating during rush hour and on weekends on routes leading out of the city. Likewise, at the end of July, when vast numbers of Parisians take their annual vacation, roads leading out of the city are badly clogged. The cost of gasoline is also very high in France. Although gasoline has become more expensive throughout the world, its cost in France has for years been more than twice that in the United States.

Aide-Lecture

As was suggested in the introduction to the book, a very useful reading strategy is to guess the meaning of a word that is unfamiliar. Often the words that surround the unfamiliar one make the meaning clear. In this reading passage, for example, you might not have known the meaning of the word **tombe** in the sentence **Pour le**

campeur, c'est la pluie qui tombe pendant toutes ses vacances. But you probably guessed the meaning correctly because you recognized it as a verb and because you inferred that there is not much else that rain can do but fall. One great advantage of this strategy is that you will spend less time looking up words in the glossary or a dictionary.

To practice contextual guessing, try to identify the meaning of the words in italics.

1. Ce soir, je vais regarder la télévision parce qu'il y a une *émission* spéciale sur Jean-Paul Sartre.
2. J'aime bien faire la cuisine, mais je n'aime pas *faire la vaisselle* après le dîner.
3. Les employés vont demander une *augmentation* de salaire à leur *patron*.
4. Si tu vas au marché, achète des fruits et des *légumes*.
5. Une rose est une *fleur*, mais toutes les *fleurs* ne sont pas des roses.
6. En ce moment, il y a une *exposition* de *tableaux* de Picasso au Musée de l'art moderne.
7. On dit que les vieux *mènent* une vie simple et tranquille, mais je ne sais pas si c'est vrai.

A. Compréhension du texte

On the basis of the information given in the reading, indicate whether each statement is true or false. If a statement is false, reword it to make it true.

1. Victor Hugo pense que l'enfer, c'est les autres.
2. Pour La Rochefoucauld, l'enfer, c'est quand on est vieux.
3. Pour Bernanos, l'enfer, c'est l'absence.
4. Généralement, les automobilistes parisiens n'ont pas de difficulté à trouver une place pour leur voiture.
5. Le jour du baccalauréat est un enfer pour beaucoup de jeunes Français.
6. Les campeurs aiment beaucoup la pluie.
7. Les chats et les chiens sont généralement de très bons amis.
8. Les Français sont très individualistes et ils n'aiment pas faire comme tout le monde.

B. Et vous?

What are **le paradis** and **l'enfer** for you? What are they for other people? Make original sentences by combining elements from each column or by creating your own.

Pour moi
Pour les étudiants
Pour les professeurs
Pour les enfants
Pour les parents
Pour les filles
Pour les garçons
Pour les automobilistes

le paradis, c'est
l'enfer, c'est

le téléphone
écouter des disques avec des ami(e)s
pouvoir dormir jusqu'à midi
posséder une vieille Volkswagen
les jours où il n'y a pas de classe
manger au restaurant
passer des vacances en Floride
aller à l'opéra
des élèves qui étudient leurs leçons
être seul(e)(s) à la maison
le jour de Noël
le jour des examens
aller au zoo
sortir avec un garçon (une fille) qui est sympathique et intelligent(e)
perdre un match de football
une route où il n'y a pas de circulation
aller chez le dentiste
avoir une motocyclette
recevoir beaucoup de lettres pour la Saint-Valentin
apprendre la conjugaison des verbes irréguliers
acheter une Jaguar
?

C. Vivent les différences!

To complete each statement, select the answer you prefer, combine several which seem equally suitable, or supply another choice of your own creation.

1. Pour quelqu'un qui adore la musique pop, le paradis, c'est . . .
   a. écouter un disque classique
   b. être obligé de rester à la maison le jour d'un concert de rock
   c. être présenté à son idole
   d. ?

2. Pour un/une athlète, l'enfer, c'est . . .
   a. être malade le jour du match le plus important
   b. être pénalisé(e) injustement
   c. gagner tous les matches de la saison
   d. ?

3. Pour un garçon qui aime une fille (ou vice-versa), l'enfer, c'est . . .
   a. écrire des lettres passionnées et ne pas recevoir de réponse
   b. avoir un rival qui est beau et intelligent
   c. aller au cinéma ou faire un pique-nique avec elle
   d. ?

4. Pour un(e) étudiant(e) pauvre, le paradis, c'est . . .
   a. travailler dans un restaurant jusqu'à minuit tous les soirs
   b. gagner l'argent nécessaire pour payer ses études
   c. recevoir un chèque de 500 dollars
   d. ?

5. Pour un(e) touriste qui visite un pays étranger, l'enfer, c'est . . .
   a. perdre son passeport
   b. ne pas avoir assez d'argent pour rentrer
   c. arriver dans une ville où tous les hôtels sont pleins
   d. ?

6. Pour un homme marié, le paradis, c'est . . .
   a. la visite de la mère de sa femme
   b. une femme qui fait bien la cuisine
   c. une femme qui pense qu'il est l'homme le plus beau et le plus intelligent du monde
   d. ?

7. Pour une femme mariée, l'enfer, c'est . . .
   a. le chauvinisme masculin de son mari
   b. être obligée de rester à la maison pour garder les enfants
   c. avoir une profession qu'elle aime
   d. ?

8. Pour quelqu'un qui aime le calme, l'enfer, c'est...
   a. être en compagnie de gens qui parlent tout le temps
   b. essayer de lire son journal quand les enfants écoutent des disques
   c. camper dans une région isolée
   d. **?**

9. Pour un(e) Américain(e) qui aime parler, l'enfer, c'est...
   a. avoir un argument avec un(e) Français(e) qui ne parle pas anglais
   b. être seul(e) pendant une semaine
   c. aller au café avec des amis
   d. **?**

10. Pour un(e) automobiliste, le paradis, c'est...
    a. une route où il n'y a pas d'autres voitures
    b. la crise de l'énergie
    c. la circulation dans une grande ville à six heures du soir
    d. **?**

D. Le bon et le mauvais côté des choses

Every situation has a good and a bad side. Complete these sentences accordingly.

1. A la fin de l'année scolaire, { le paradis, c'est... / l'enfer, c'est...

2. Quand il fait très beau, { le paradis, c'est... / l'enfer, c'est...

3. Quand il fait très froid, { le paradis, c'est... / l'enfer, c'est...

4. Pendant le week-end, { le paradis, c'est... / l'enfer, c'est...

5. En classe, $\begin{cases} \text{le paradis, c'est} \ldots \\ \text{l'enfer, c'est} \ldots \end{cases}$

6. Pendant les vacances, $\begin{cases} \text{le paradis, c'est} \ldots \\ \text{l'enfer, c'est} \ldots \end{cases}$

E. Jouez avec les mots

1. A statement made by a well-known French writer and mentioned in the text has been jumbled. Can you reconstruct the sentence?

2. If you guess the missing words in the sentences below and say them aloud in sequence, you will be able ro recreate a statement made by another French writer mentioned in the article.

    a. Devant une voyelle, l'article défini singulier est _____.

    b. Mon frère est plus jeune que moi; il a seulement 15 _____.

    c. Cet après-midi je fais une promenade. Et vous, qu'est-ce que vous allez _____?

    d. Pierre téléphone souvent à sa petite amie et à _____ parents.

    e. Les touristes visitent le Louvre, la Tour Eiffel et _____ Champs-Elysées.

    f. La dernière lettre de l'alphabet est _____.

    g. H$_2$O est la formule chimique de l' _____.

    h. «Je suis» est la première personne du verbe ê _____.

Réponses
E 1: L'enfer, c'est ne pas aimer.
E 2: a. l'; b. ans; c. faire; d. ses; e. les; f. z; g. eau; h. tre. (L'enfer, c'est les autres.)

F. Points de vue

Comment briefly on the definitions of **l'enfer** given by the authors in the reading passage. Indicate whether you agree or disagree with each point of view. If you disagree, reword the statement so that it reflects your views.

    Exemple: «L'enfer, c'est ne pas aimer.»
                Ce n'est pas vrai. À mon avis, l'enfer, c'est aimer et ne
                 pas être aimé en retour.

CHAPITRE QUATRE

La France et les touristes

Qu'est-ce que la France? Pour les touristes *étrangers*, la France, c'est «Paris by night». Beaucoup de touristes voient seulement Paris et Paris seulement la nuit!

qui viennent d'autres pays

Monsieur Forester, médecin américain, arrive à Paris un jeudi soir en juillet. Un peu fatigué par son voyage, il prend un taxi et va directement à son hôtel. Il a juste le temps de dormir une heure ou deux avant de partir à la conquête de Paris. À *21 heures* il monte dans un autobus spécial pour touristes et la visite de Paris commence. Chaque soir 2 000 étrangers, comme Monsieur Forester, visitent Paris en autobus.

9^H du soir

Le premier *arrêt* est un «nightclub for bad boys of Paris», une boîte de nuit spéciale pour les touristes. Là, on donne un *verre* de vin à chaque visiteur. Un jeune homme et sa partenaire dansent une *java*. Le spectacle est totalement artificiel et plus représentatif du style de l'après-guerre, mais Monsieur Forester ne le sait pas. Pour lui, c'est Paris. Monsieur Forester est enchanté.

stop
glass
danse populaire des années 40 mais peu dansée aujourd'hui

Le matin, après la visite de trois autres boîtes de nuit, Monsieur Forester rentre à son hôtel, fatigué mais content. Maintenant il connaît la France; il peut dormir jusqu'à l'heure du départ de son *avion* pour Rome.

airplane

Ce n'est pas une caricature. Depuis trente ans, pour les étrangers, Paris, c'est Pigalle; Pigalle et quelques monuments qui symbolisent Paris: le Sacré-Cœur, la Tour Eiffel, l'Arc de Triomphe, Notre-Dame. On leur montre le Paris qu'ils désirent voir, le plus vite possible. En général, les touristes américains restent moins de trois jours à Paris, et ils *oublient* complètement que le reste de la France existe.

forget

Une *affiche* publicitaire de l'office du Tourisme demande ironiquement: Est-il nécessaire de construire une Tour Eiffel dans chaque village pour vous faire apprécier le reste de la France?

poster

Ce n'est pas seulement les touristes qui sont responsables de cette situation. Souvent, en province, les hôtels sont trop vieux ou trop chers, ou alors, il n'y a pas de place. Souvent aussi, les Français n'ont pas assez de patience avec les étrangers. Alors, la solution, ce n'est peut-être pas une Tour Eiffel dans chaque village, mais être plus gentil avec les étrangers et leur donner le désir de connaître la «vraie» France.

Extrait et adapté d'un article de *l'Express*

Notes Culturelles

Unlike Mr. Forester, the French themselves rarely vacation in Paris; they like to get out of the city. What is most valued in a vacation, according to a recent survey conducted by *l'Express*, is a feeling of closeness to nature, a break from daily routine, and good weather. Many French people thus consider the Alps, Brittany, and Corsica to be especially attractive vacation spots. On the other hand, despite its natural beauty, the French Riviera has become less appealing because of the enormous numbers of tourists who go there.

Certain distinctive customs reflect the value that the French place on vacations. For example, most businesses close during the month of August to allow both employers and employees to take an annual break. And employees are usually entitled to four to six weeks of time off—considerably more than many American workers. When asked by the *Express* surveyers whether or not they would be willing to economize on clothing, car expenses, leisure activities, food, housing, or vacations, only a small percentage of French people indicated that they would be willing to cut back on their vacations.

We have all had the experience of "reading" something but not really comprehending what we read—we were merely looking at the words. We thus discovered that reading is not a passive process but a very active one in which we mentally make a commentary upon the printed words or in which we relate the words to all of our previous experience. One technique that can help us comprehend what we read is to paraphrase, or to put into other words (in English, or in French, if possible), the main idea of a paragraph or passage.

Below are statements that paraphrase different parts of the reading passage "La France et les touristes." Which of these sentences were written by a person who understood the passage, and which were written by someone who did not?

1. Quand il arrive à Paris, Monsieur Forester n'a pas le temps de dormir avant de visiter la ville.
2. Monsieur Forester va passer seulement deux ou trois jours à Paris parce qu'il n'aime pas beaucoup cette ville.
3. Il va partir à Rome où les gens sont plus gentils.
4. En général, les touristes américains passent moins d'une semaine à Paris.
5. Pour aider les touristes américains à apprécier la France, on va construire une Tour Eiffel dans chaque grande ville.
6. Selon l'office du Tourisme, un des problèmes les plus importants est que les touristes n'ont pas assez de patience avec les Français.

A. Compréhension du texte

1. Quand les touristes étrangers viennent en France, quelle ville visitent-ils en général?
2. Que fait Monsieur Forester quand il arrive à Paris?
3. À quelle heure commence la visite organisée?
4. Combien de touristes visitent Paris en autobus chaque soir?
5. Quelle sorte de boîte de nuit Monsieur Forester visite-t-il?
6. Quel pays Monsieur Forester va-t-il visiter ensuite?
7. Quels sont les monuments qui symbolisent Paris pour les étrangers?

8. En général, combien de temps les touristes américains restent-ils à Paris?
9. Pourquoi les touristes américains ne visitent-ils pas le reste de la France?
10. Quelle est souvent l'attitude des Français quand ils parlent avec des touristes étrangers?

B. Et vous?

Do you agree or disagree with the following opinions? If you disagree, reword the statement so that it reflects your views.

1. Les visites organisées sont une excellente façon de visiter une ville.
2. Trois jours suffisent pour visiter une ville comme Paris.
3. Si vous connaissez Paris, vous connaissez la France.
4. Un étranger qui connaît bien New York connaît l'Amérique.
5. Les boîtes de nuit donnent une image authentique de la vie française.
6. Les Français ont toujours beaucoup de patience avec les étrangers.
7. Les Américains ont beaucoup de patience avec les étrangers.
8. Pour connaître vraiment un pays, il est nécessaire de vivre dans ce pays pendant un certain temps.

C. À quelle heure?

In France, official times, such as train departures or TV programs, are stated using a 24-hour system. For example: **21 heures = 9 heures du soir**. When speaking of ordinary activities, however, one uses a 12-hour system. See how quickly you can make the adjustments from the 24-hour to the 12-hour system in the situations given.

1. Vous allez prendre le train. Votre train part à 17^{H}30. À quelle heure faut-il arriver à la gare?
2. Vous consultez la «Semaine Télévisée» pour voir quels sont les programmes de télévision ce soir. De 19^{H}30 à 22^H il y a des programmes sportifs qui ne vous intéressent pas. Mais à 22^{H}10 il y a un film sur la vie de Napoléon que vous désirez voir. À quelle heure commencez-vous à regarder la télévision?
3. Vous partez en voyage. Votre avion part de l'aéroport d'Orly à 20^{H}45 et vous voulez arriver une demi-heure avant le départ. Il faut 30 minutes pour aller à Orly en taxi. À quelle heure devez-vous partir?
4. Vous allez en France en avion. L'avion part de New York à 19^{H}15. Il faut sept heures pour aller à Paris. Mais entre la France et New York il y a une différence de cinq heures. Par exemple, quand il est sept heures du matin à New York, il est midi à Paris. Quelle est l'heure de votre arrivée à Paris?

D. Fiche de voyageur

When you travel in France and stay at a hotel, you may need to fill out a form like the one below. It is called a **fiche de voyageur.** You may fill out this card yourself or you might want to work with a classmate so you can assume the roles of a desk clerk and a traveler. These are questions the desk clerk might ask the traveler while filling out the form.

1. Quel est votre nom de famille?
2. Quel est votre nom de jeune fille? (Seulement si vous parlez à une femme mariée.)
3. Quels sont vos prénoms?
4. Quelle est la date de votre naissance?
5. De quel pays venez-vous?
6. Quelle est votre profession?
7. Quelle est votre adresse permanente?
8. Quelle est votre nationalité?
9. Avez-vous un passeport?

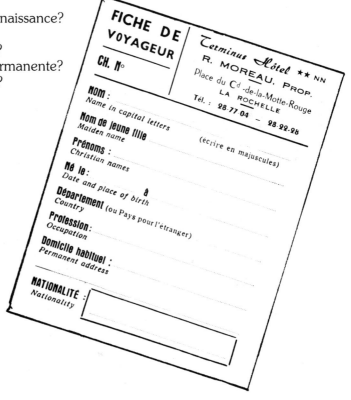

E. Voyage en France

Imagine that you are planning a vacation in France. Using the questions as a guide, compose a brief narrative about your trip. You may find it helpful to refer to the map and suggestions.

1. Quelles villes et quelles régions allez-vous visiter? Pourquoi?
2. Comment allez-vous voyager? Pourquoi?
3. Où allez-vous dormir? Pourquoi?
4. Qu'est-ce que vous allez faire dans les différentes villes et régions que vous allez visiter?

Comment voyager

voyager en avion (prendre l'avion), voyager par le train (prendre le train), voyager en autobus (prendre l'autobus), voyager à bicyclette, voyager à pied, faire de l'auto-stop

Activités

visiter le musée, la cathédrale, les monuments, la ville; faire une promenade dans les rues, le long de la Seine, près du lac, dans les montagnes; aller au café, boire et regarder les gens dans la rue; aller au restaurant, apprécier la bonne cuisine, essayer les spécialités régionales; nager (*to swim*) dans la mer, l'océan, le lac, la rivière; aller au théâtre, au cinéma, au concert, au musée; acheter des souvenirs et des cartes postales; faire du camping, dormir dans les auberges de jeunesse (*youth hostels*); prendre une chambre dans un hôtel

CHAPITRE CINQ

La Graphologie: Votre caractère est dans votre *écriture*

Vous cherchez du travail et vous trouvez une annonce intéressante dans un journal. Cette annonce vous demande d'écrire au chef du personnel. Est-ce que votre *avenir* dépend de lui? Non, il dépend d'un petit homme anonyme qui travaille dans la solitude de son bureau. Qui est-ce? Cet homme, c'est le graphologue. Il examine en détail votre lettre. Ce n'est pas votre expérience qui intéresse cet expert mais votre écriture. «Ce n'est pas la main qui écrit, c'est la tête», affirment les graphologues. L'écriture révèle la personnalité. La main trace inconsciemment le caractère d'une personne: ses tendances, ses obsessions, ses désirs profonds.

Monsieur Trilliat, expert graphologue, raconte cette anecdote au sujet du commencement de sa carrière. Il sait qu'une firme qui fabrique des stylos

futur

désire faire de la publicité pour ses produits. Monsieur Trilliat entre dans le bureau du *patron* de cette firme. *boss*

—J'ai une idée, propose-t-il. Avec chaque stylo, donnez une offre d'analyse graphologique.

Le patron est une petite dame, âgée et très autoritaire. Elle lui donne un exemplaire de son écriture.

—Lisez cela et dites-moi ce que vous pensez.

La réponse du graphologue est brutale.

—Madame, vous êtes agressive, dure, inflexible, mais généreuse et humaine.

—Monsieur, dit la dame, votre analyse est brutale et dure mais honnête et précise. Vous commencez à travailler pour nous aujourd'hui.

Sur quoi un graphologue comme Monsieur Trilliat base-t-il son analyse? Votre écriture peut être *droite* ou *penchée*. Si elle est droite, cela indique que vous êtes plus intellectuel qu'émotif. Réservé et distant, vous avez de la difficulté à révéler vos sentiments. Vous avez *l'esprit* analytique et votre *mind* jugement est sûr. Si votre écriture *penche à gauche*, vous êtes très réservé et solitaire. Vous êtes loyal et sincère mais difficile à connaître. Vous aimez être différent—un peu bohème quelquefois. Si votre écriture *penche à droite*, vous êtes plus contrôlé par le *coeur* que par la tête. Vous êtes gentil, affectueux, *sensible*, généreux et sincère. Vous avez quelquefois tendance à être sentimental et vous aimez la compagnie des autres.

Une écriture *arrondie* indique une certaine docilité et naïveté et une tendance à la passivité. Elle révèle aussi un caractère *doux* et pacifique. Une *gentle* écriture *angulaire*, au contraire, indique un caractère indépendant, *volontaire* *strong-willed* et même agressif, beaucoup d'énergie et d'initiative.

Est-ce que vous écrivez *petit* ou *gros*? Cela aussi a de l'importance. Une écriture petite révèle une personne intelligente, perceptive, patiente et méticuleuse. Cette personne pense beaucoup mais parle peu. Les personnes qui écrivent gros ont tendance à être extroverties. Elles sont enthousiastes et actives. Elles ont peu de patience pour les détails.

Et si votre écriture n'est pas toujours la même, cela dénote une certaine versatilité!

Extrait et adapté d'un article de *Paris Match* par William de Bazelaire

Notes Culturelles

Typical French handwriting differs from the handwriting of most Americans. Following is a note written by a French student to the principal of his school in which he explains his absence from class and promises to do better in the future.

> Lyon, le 24 mars 1980
>
> Madame la Directrice,
>
> Permettez-moi de vous adresser mes excuses au sujet de mon absence de la semaine dernière. Je vous promets de faire tout mon possible à l'avenir pour éviter d'autres absences de ce genre.
>
> Je vous prie de croire, Madame la Directrice, à l'expression de mes sentiments les plus respectueux.
>
> Jean-Marie Vilain

Aide-Lecture

Anyone who learns to read French discovers that some French words that resemble English words have meanings that are very different. In this reading passage, for example, the word **patron** appears, but its meaning is not the same as the English word *patron*. Instead, it is closer in meaning to the word *boss*. We also find the adjectives **sensible** and **gentil,** but their meanings are not "sensible" and "gentle"; rather, they mean "sensitive" and "nice." Thus, while the ability to recognize cognates and near-cognates is a useful and important reading skill, sensitivity to false cognates is also essential.

Try to guess the meaning of each false cognate in italics by using the clues provided by the context of the sentence.

1. La rue où nous habitons n'est pas très longue, mais elle est très *large*.
2. Je n'aime pas lire; c'est pourquoi la *lecture* n'est pas un de mes passe-temps favoris.
3. Que fais-tu samedi? Veux-tu passer la *journée* avec nous?
4. Vas-tu *assister* au match de football ce week-end?
5. Les Martin ne prennent pas de vacances cette année; ils vont *rester* à la maison.
6. Vendredi, le professeur d'histoire va donner une *conférence* sur le rôle des femmes dans la Révolution française.

A. Compréhension du texte

On the basis of the information given in the reading, indicate whether each statement is true or false. If a statement is false, reword it to make it true.

1. La graphologie est l'art de bien écrire.
2. Les graphologues basent leur analyse sur l'écriture d'une personne.
3. Les graphologues disent que l'écriture révèle inconsciemment les tendances d'une personne.
4. Vous cherchez du travail et vous écrivez une lettre qu'un graphologue va examiner. C'est votre expérience qui l'intéresse.
5. Dans l'anecdote de Monsieur Trilliat, la vieille dame emploie le graphologue parce qu'il la complimente sur son écriture.
6. Votre écriture révèle la position sociale de vos parents.
7. Si votre écriture est droite, cela indique que vous avez de la difficulté à révéler vos sentiments.
8. Une personne qui écrit gros a tendance à être introvertie.
9. Si votre écriture penche à gauche, cela indique que vous êtes quelquefois bohème.
10. Si votre écriture change beaucoup, cela indique que vous êtes versatile.

Si votre écriture change beaucoup, ...

B. Et vous?

These adjectives can be useful in describing yourself, someone in your class, or someone else that you know.

modeste	loyal(e)	émotif(-ive)
sincère	réservé(e)	perceptif(-ive)
irrésistible	extroverti(e)	impulsif(-ive)
mélancolique	précis(e)	ambitieux(-euse)
analytique	patient(e)	généreux(-euse)
solitaire	impatient(e)	méticuleux(-euse)
bohème	indépendant(e)	consciencieux(-euse)
énergique	intelligent(e)	
sensible	intellectuel(le)	
dynamique	gentil(le)	

1. Select adjectives to describe another student in your class or someone else you know.
2. Choose those adjectives that describe your own personality. For example: **Je suis enthousiaste et dynamique, mais j'ai tendance à être trop ambitieuse. Je ne suis pas assez patiente.**
3. Now describe your ideal self, the kind of person you want to be. For example: **Je désire être patient, plus méticuleux et moins impulsif.**

C. Situations

What adjective best describes each person?

1. Jean-Claude aime être seul dans sa chambre. Quand ses amis vont au cinéma, Jean-Claude préfère rester à la maison pour écouter la radio ou lire un livre. C'est un garçon . . .

   a. solitaire   b. agressif   c. extroverti

2. Marie écrit une composition pour sa classe de français. Elle examine chaque détail parce qu'elle veut donner à son professeur un travail parfait, sans aucune faute. Marie est . . .

   a. impatiente   b. méticuleuse   c. indifférente

3. Pierre donne toujours des ordres à ses amis, à ses frères et à ses sœurs. Cela indique que Pierre a tendance à être . . .

   a. patient   b. docile   c. autoritaire

4. Paul veut aller au cinéma mais il n'a pas assez d'argent. Il demande l'argent nécessaire à un de ses amis, qui lui donne l'argent immédiatement. Paul est content parce que son ami est . . .

     a. généreux   b. économe   c. inflexible

5. Quand Jeanine a un problème, elle aime parler à son amie Françoise parce que Françoise est une personne . . .

     a. modeste   b. indifférente   c. perceptive

6. Monsieur Jones, touriste américain, demande à un Français de lui indiquer l'adresse de l'ambassade américaine. Cet homme décide de l'accompagner. Monsieur Jones est content; il pense que les Français sont . . .

     a. gentils   b. réservés   c. durs

7. Pierre est un garçon qui préfère ne pas révéler ses sentiments. Quand il a un problème, il essaie de trouver une solution sans demander l'aide de ses amis ou de ses parents. C'est un garçon . . .

     a. réservé   b. affectueux   c. irrésistible

D. Est-ce que votre caractère est dans votre écriture?

Using the information presented in the reading, analyze your own handwriting. In what ways does your analysis correspond to your personality?

E. Êtes-vous graphologue?

Ask one of your classmates for a sample of his or her handwriting and make an analysis of it. Then find out if your analysis is accurate by asking your classmate if he or she really does have those characteristics. For example: **Votre écriture révèle que vous avez tendance à être quelquefois bohème. Est-ce vrai?**

F. Avez-vous bonne mémoire?

With a group of classmates describe an imaginary person or someone you know. Start with a simple sentence describing this person. For example: **Jean est gentil.** Each person in turn repeats the entire sentence and adds one more adjective. See how long you can continue to add adjectives without a mistake. Compete with other groups if you wish. (You can refer to Activity B for a list of adjectives.)

    Play the game again, but this time choose a person of the opposite sex. Pay attention to both the meaning and the form of the adjective.

CHAPITRE SIX

Adieu les vacances traditionnelles

Chaque personne a une idée de ses vacances idéales. Il y a les personnes tranquilles qui cherchent le *soleil* chaud, la *mer* et les *plages* immenses. Il *sun/sea/beaches* y a les romantiques qui cherchent la solitude, les îles exotiques et la musique tropicale. Il y a aussi les sportifs qui aiment la *voile*, le tennis et le ski *sailing* nautique. D'autres préfèrent les montagnes et la nature.

Le Club Méditerranée et d'autres clubs de vacances offrent aux touristes la possibilité de visiter le pays de leurs *rêves*. Bien sûr, ces clubs installent *dreams* des «villages» dans les plus beaux sites de France. Mais pour le touriste qui désire visiter un pays exotique où on parle français, ils ont aussi des programmes dans d'autres pays du monde. Partout leurs villages sont construits en harmonie avec la nature.

Quelles sortes de vacances offrent ces clubs?

Tahiti, c'est le paradis. (Voir la carte, pages 40-41.) C'est l'île enchanteresse, le paradis des *amoureux* de la nature, du soleil et de la mer. Sur cette île *qui aiment* enchantée du Pacifique, les fruits sont plus succulents, les fleurs plus belles,

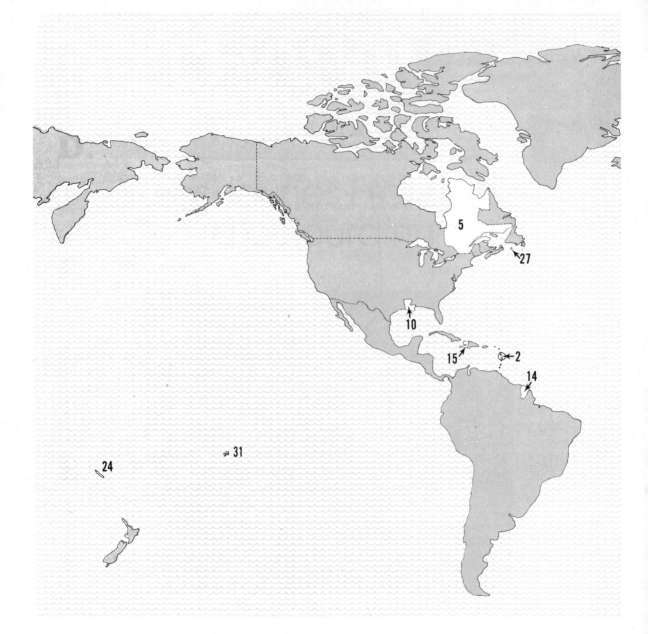

1. l'Algérie
2. les Antilles
   (la Guadeloupe,
   la Martinique,
   Saint-Martin)
3. la Belgique
4. le Cameroun

5. le Canada (le Québec)
6. le Congo
7. la Corse
8. la Côte-d'Ivoire
9. le Dahomey (le Bénin)
10. les Etats-Unis
    (la Louisiane,

la Nouvelle-Angleterre)
11. la France
12. le Gabon
13. la Guinée
14. la Guyane
15. Haïti
16. la Haute-Volta

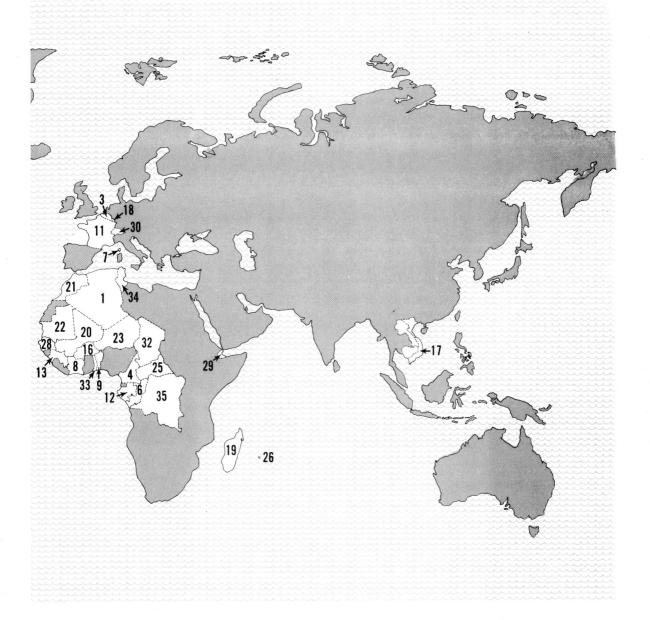

17. l'Indochine
    (le Cambodge,
    le Laos,
    le Viêt-Nam)
18. le Luxembourg
19. la République Malgache
20. le Mali

21. le Maroc
22. la Mauritanie
23. le Niger
24. la Nouvelle-Calédonie
25. la République Centrafricaine
26. la Réunion
27. Saint-Pierre et Miquelon

28. le Sénégal
29. les Somalis (Djibouti)
30. la Suisse
31. Tahiti
32. le Tchad
33. le Togo
34. la Tunisie
35. le Zaïre

Adieu les vacances traditionnelles

et les *poissons* plus nombreux et plus colorés que dans les autres pays. Là-bas, vous allez vivre dans une maison typiquement tahitienne et vous allez *pratiquer* tous les sports de mer: le ski nautique, la voile, l'exploration sous-marine et la *natation*. Si vous voulez, vous pouvez faire des promenades en voiture ou à bicyclette à l'intérieur de l'île. À Tahiti, la saison de votre arrivée n'a pas d'importance. Il fait beau toute l'année.

Vous connaissez déjà la plage? Maintenant voici un programme pour le vrai aventurier. Prendre le *volant* d'une «jeep» pour faire 1600 kilomètres dans le sud du Maroc est une expérience mémorable! (Voir la carte, pages 40-41.) Avant de partir, on vous familiarise avec le désert, avec les routes et avec la mécanique. Vous voyagez dans un convoi de six ou sept voitures pendant neuf ou dix jours dans le Sahara torride. Vous visitez les oasis avec leurs *jardins* exotiques, les casbahs intrigantes, les dunes interminables et silencieuses où la possibilité de voir des mirages est toujours présente. Mais attention, il faut avoir des *vêtements* et des bagages très pratiques et résistants. C'est seulement après dix jours de cette excursion mémorable et aventureuse que vous avez le confort moderne d'une chambre climatisée à Marrakech.

La Martinique, appelée aussi l'île parfumée, va vous charmer! (Voir la carte, pages 40-41.) Le village du Club est installé entre une vaste forêt de *palmiers* et une mer bleue et calme, idéale pour pratiquer tous les sports de mer. Vous pouvez loger dans un bungalow confortable, construit dans le style du pays. Si vous voulez visiter le reste de l'île, vous pouvez participer à des expéditions pour explorer les forêts tropicales, pour admirer le célèbre volcan de la montagne Pelée ou pour visiter d'autres petites îles.

Il y a beaucoup d'autres villages de vacances dans des pays où on parle français. Par exemple, au Sénégal, en Tunisie, à la Guadeloupe, en Côte d'Ivoire, au Canada ou dans l'Ile de la Réunion.

Alors, choisissez le pays de votre préférence, faites vos bagages et bonnes vacances!

Extrait et adapté de brochures publicitaires du Club Méditerranée

fish

participate in
swimming

steering wheel

gardens

clothing

palm trees

Notes Culturelles

Whether they vacation at a Club Méditerranée or elsewhere, increasing numbers of French people are choosing alternatives to traditional vacations. Many who are sports-minded go on hiking or bicycling vacations in France or abroad—in the Grand Canyon of Arizona, for example. Horseback riding, scuba diving, and tennis vacations are available for those who want to learn or practice their skills. Vacations in the country have special appeal to city dwellers who prefer a slower paced vacation. Opportunities are available for such vacationers to rent country houses or to stay with farm families.

Ocean cruises whose emphasis is on a theme like classical or popular music or on theater are becoming increasingly popular. These vacations combine relaxation at sea with the occasion for cultural and intellectual growth. Those desiring to learn a language can take courses while living with a family in England, Germany, Ireland, the United States, or elsewhere. A program called **Découvrir l'Amérique** provides four weeks of living with an American family.

Many young people choose to vacation at work camps where they build recreation centers or restore old monuments, castles, or even entire villages.

Aide-Lecture

Although there are advantages in attempting to guess the meaning of a word you do not recognize, there are times when you must check its definition in order to feel comfortable. Each time you look up a word in the glossary, place a small dot beside it. If you accumulate three dots by a word, it is probably a frequently used term that you should know. Take a few moments to learn it and you will save yourself time in the long run.

One way to learn a new word is to use it correctly in a sentence. Create sentences that will help you remember the meaning of each of these words from the reading.

1. la plage	4. les vêtements	7. choisir
2. le rêve	5. le pays	8. le poisson
3. la natation	6. vivre	

Activités

A. Compréhension du texte

1. Les personnes tranquilles préfèrent-elles les plages désertes ou les grandes villes?
2. Le Club Méditerranée a-t-il seulement des villages en France ou dans d'autres pays du monde aussi?
3. Fait-il beau à Tahiti seulement en été ou toute l'année?
4. Pour voyager dans le désert, faut-il avoir des vêtements élégants ou pratiques?
5. La voiture idéale pour un voyage dans le désert est-elle une Land-rover ou une Jaguar?
6. Trouve-t-on des oasis en Martinique ou dans le Sahara?
7. Tahiti est-elle une île de l'Atlantique ou du Pacifique?
8. En Martinique le village du club est-il situé au bord de la mer ou dans la montagne?
9. En général, parle-t-on français ou anglais dans les villages?

B. Et vous?

1. Est-ce que vous êtes une personne tranquille, romantique ou sportive?
2. Préférez-vous le soleil chaud et les plages immenses ou la montagne et la nature?
3. Quand vous êtes en vacances, préférez-vous la solitude ou la compagnie des autres?

Voyages insolites ■
e.eric
expeditions
« l'aventure en roue libre... »

AFRIQUE . ASIE . AMERIQUE (DEPARTS TOUTE L'ANNEE)
SPECIALISTE DES EXPEDITIONS TRANSCONTINENTALES

4. Vous avez la possibilité de passer vos vacances dans un pays où on parle français. Quel pays allez-vous choisir et pourquoi?
5. Vous avez la possibilité de voyager à Tahiti, en Martinique ou au Sahara. Quel voyage vous intéresse le plus et pourquoi?

C. Agence de voyage

You work in a travel agency where you are repeatedly asked for advice on vacation planning. From the choices available, select the type of vacation that would be most suitable for each person. You may combine several or suggest another possibility.

1. Mr. Jones est un homme très riche qui a très peu de temps pour ses vacances. Il ne parle pas français mais désire visiter la France. Quel est le voyage idéal pour lui?
   a. voyage à bicyclette organisé par des jeunes qui vont faire du camping dans les Alpes
   b. visite des différentes plages et des casinos de la Côte d'Azur; logement en hôtel de luxe; possibilité de promenade en yacht.
   c. visite de Paris avec chauffeur-guide privé; restaurants les plus prestigieux; boîtes de nuit les plus «sexy»; cabarets les plus pittoresques
   d. ?

2. Dan est un jeune étudiant qui a beaucoup de temps mais très peu d'argent. Il n'aime pas beaucoup la mer mais il est très sportif et énergique. Qu'est-ce que vous lui suggérez?
   a. voyage à bicyclette avec un groupe d'étudiants français; camping; itinéraire flexible
   b. deux semaines à Paris dans des hôtels de luxe; dîner «chez Maxim»; visite des différents monuments de la ville
   c. tour du monde en auto-stop
   d. ?

3. Richard et Pat sont un jeune couple dynamique. Fatigués des vacances traditionnelles, ils cherchent l'aventure. Avez-vous une suggestion?
   a. deux semaines en Martinique pour faire du ski nautique et de la voile
   b. safari-photo au Congo; visite de réserves d'animaux sauvages; exploration de la jungle en jeep
   c. trois semaines au Tibet; méditation transcendantale; retraite dans un monastère de lamas
   d. ?

4. Lynn aime les sports de mer. Elle veut aussi passer ses vacances dans un pays où on parle français. Que peut-elle faire?
   a. passer quelques semaines au Québec et voir toutes les attractions touristiques de la province
   b. passer deux semaines dans les Alpes au mois de janvier et faire du ski tous les jours
   c. passer un mois sur la Côte d'Azur: Nice, Juan-les-Pins, Saint-Tropez; tous les avantages de la plage; logement en hôtel modeste
   d. ?

D. Faites vos valises

You've decided to take a trip and it's time to pack. What would you need for each of these trips? You might want to include some of the items shown opposite.

1. un voyage à la mer
2. un voyage à la montagne
3. un voyage à Paris
4. un voyage dans le désert
5. un voyage à bicyclette

E. Où aller?

Complete each sentence with the appropriate country or city. Be sure to use the correct preposition (en, à, au, aux).

1. Pour voir la Tour Eiffel, il faut aller . . .
2. Pour faire du ski dans les Alpes, on va . . .
3. Pour visiter un pays où on parle espagnol, vous pouvez aller . . .
4. Si vous voulez faire du ski nautique, allez . . .
5. Pour visiter la ville de Moscou, un touriste va . . .
6. Pour visiter un pays où on parle français en Afrique du Nord, on peut aller . . .
7. Si vous voulez visiter les pyramides, allez . . .
8. Si vous voyagez en Europe et vous voulez visiter un pays où on parle anglais, n'oubliez pas d'aller . . .
9. Si vous arrivez à Rome, vous êtes . . .
10. Vous êtes en Europe au printemps et vous voulez voir de belles fleurs, surtout des tulipes; allez . . .
11. La Volkswagen est une voiture fabriquée . . .
12. J'habite . . . , mais je veux habiter . . .

une robe

un pantalon (blue-jean)

un pull-over

un complet

une chemise

une blouse

des sous-vêtements

des lunettes de soleil

du dentifrice

des pyjamas

une brosse à dents

un maillot de bain

une jupe

un manteau

des chaussures

une veste

une cravate

des chaussures de marche

des chaussettes

un short

F. Les vacances idéales

When asked where they would go if money were not a major concern, the French people recently interviewed by l'**Express** responded as follows:

Tahiti	26%	Inde	8%
Californie	18%	Egypte	8%
Machupicchu	13%	New York	4%
Chine	9%	Jérusalem	4%
Kenya	8%	Saint-Tropez	2%

1. A votre avis, est-ce que les Américains ont les mêmes préférences? Si non, quelles sont les différences?
2. Et vous, quelles sont vos préférences? Mettez les villes et pays indiqués dans l'ordre de vos préférences.
3. Imaginez que vous pouvez envoyer certaines personnes en vacances dans le pays ou la région de votre choix. Où allez-vous envoyer vos amis? Et vos ennemis?
4. A votre avis, quelle est l'attraction de la Californie et de Tahiti pour les Français?

CHAPITRE SEPT

La Révolte des femmes

En France, comme partout, le sexisme existe. Il n'est pas nécessaire de chercher bien loin pour trouver de nombreux exemples de préjugés contre la femme.

Vous ouvrez un magazine; qu'est-ce que vous voyez? Là, dans une publicité pour un *téléviseur*, vous voyez une ravissante jeune femme près d'un poste de télévision. L'image est accompagnée de ces mots: «Un téléviseur peut aussi être beau». Pourquoi ne pas présenter un homme dans la même situation? Est-ce que cela veut dire que la nature de la femme est d'être belle? Est-ce que les femmes qui ne sont pas belles et qui ne sont pas jeunes sont moins «féminines» que les autres? *television set*

Tournez la page de ce même magazine. Là, une publicité pour une *montre* vous invite à acheter «la montre idéale pour l'homme qui veut connaître l'exacte *vérité*». Vérité, exactitude, connaissance—les mots eux-mêmes révèlent les qualités généralement attribuées aux hommes. Pourtant, une femme n'a-t-elle pas besoin de savoir l'heure précise, elle aussi? *watch* / *truth*

Vous écoutez la radio. Un journaliste—un homme, bien sûr—parle de son travail. Il explique qu'un bon journaliste doit être capable de présenter une question politique d'une manière que «même une femme peut comprendre»! Peut-on blâmer les femmes de douter de leurs *propres* capacités quand elles sont exposées jour après jour à ce genre de conditionnement? *own*

Regardez votre livre de français. Que font les femmes? Madame Dupont fait la cuisine, passe son temps dans les magasins, aide les enfants à faire leurs devoirs, parle beaucoup avec ses amies. Et Monsieur Dupont, que fait-il? Nous le voyons à son bureau où il dicte une lettre à sa secrétaire—une femme, bien sûr. Plus loin, nous le voyons *en train de* conduire sa voiture, de commander un dîner au restaurant, de donner des ordres à ses employés. Ces images de la famille française ne sont pas seulement stéréotypées, elles sont contraires à la réalité. Savez-vous qu'en France 15% des docteurs en médecine et 17% des *avocats* sont des femmes, et qu'il y a 400 000 femmes qui sont chefs de compagnies commerciales ou industrielles? En réalité, il y a beaucoup plus de femmes dans les professions *libérales* en France qu'aux États-Unis. Mais cette réalité-là n'est jamais présentée dans les livres de classe. *occupé à* / *lawyers* / c'est-à-dire les médecins, les avocats, les professeurs, etc.

D'une façon générale on peut dire avec Simone de Beauvoir, auteur de *Le Deuxième Sexe*, que les hommes sont punis pour leurs *échecs* et les femmes sont punies pour leurs succès. Le fait qu'une femme reçoit souvent un salaire inférieur au salaire d'un homme pour le même travail est un exemple typique de cette discrimination. *failures*

Aujourd'hui les femmes n'acceptent plus de souffrir en silence; elles passent à l'action. Partout elles *manifestent*. Les *pancartes* proclament «*À bas* le sexisme!» et «*Vive* l'égalité!» Sur le plan légal, elles essaient de changer les lois qui sont injustes. Mais c'est sur le plan psychologique que la révolution va être sans doute la plus longue et la plus difficile. *demonstrate/signs/Down with/Long live*

Une question aussi chargée d'émotion peut aussi être traitée avec tendresse et humour comme le montrent ces quelques lignes du poète Jacques Prévert:

Il *pleut* Il pleut   *rains*
Il fait beau
Il fait du soleil
Il est *tôt*   *early*
Il se fait tard   *It is getting*
Il
Il
Il
Il
Toujours Il
Toujours Il qui pleut et qui *neige*   *snows*
Toujours Il qui fait du soleil
Toujours Il
Pourquoi pas Elle
Jamais Elle
Pourtant Elle aussi
Souvent *se fait* belle   *makes herself*

© Éditions Gallimard

Notes Culturelles

The struggle for the emancipation of women is not a new phenomenon in France.

Christine de Pisan (1362–1435) was one of the early feminists.
Widowed at the age of twenty-two and with three children to raise
alone, she was the first French woman to earn her living as a writer.
As an ardent defender of women in a male-dominated society, she
was also the first writer to celebrate the liberation of France by Joan
of Arc in a work (*La Ditié de Jeanne d'Arc*) written while the heroine
was still alive.

Another early feminist was Olympe de Gouge (1748–1793). Like
many Parisian women, she took a very active part in the Revolution.
Later she refused to accept women's being denied the civil rights
newly won by the Revolution. In response to the *Déclaration des
droits de l'homme et du citoyen*, she wrote the *Déclaration des
droits de la femme et de la citoyenne*. She argued eloquently that
if a woman had the right to be beheaded, she must also have the
right to speak out. This philosophy was opposed by Robespierre and
his supporters who, despite their revolutionary beliefs, dissolved all
women's organizations and forbade women even to be spectators at
political assemblies. Olympe de Gouge was beheaded by direction
of Robespierre.

Jeanne d'Arc

Knowing the meaning of one word helps you to understand other related words. In this reading passage, for example, knowing the word **journal** allows you to recognize the word **journaliste** even though you may never have encountered the word before. Likewise, you may recognize **connaissance** and **tendresse** because you already know the meanings of **connaître** and **tendre**.

What words used in the reading are related to these words?

1. le doute
2. la féminité
3. l'exactitude
4. préciser
5. véritable
6. le sexisme
7. la manifestation
8. l'explication
9. le téléviseur
10. la présentation
11. la souffrance
12. le commerce

Activités

A. Compréhension du texte

1. Est-ce qu'il est difficile de trouver des exemples de sexisme?
2. Où peut-on trouver des exemples de sexisme?
3. Quelles sont les caractéristiques de la femme que présente le téléviseur?
4. Quelle est la qualité principale d'une bonne montre?
5. Quelle opinion le journaliste a-t-il des femmes?
6. Est-ce qu'il y a beaucoup de femmes dans les professions libérales en France? Aux États-Unis?
7. Est-ce que les femmes sont traitées de la même façon que les hommes pour leurs échecs et leurs succès?
8. Est-ce qu'une femme reçoit toujours le même salaire qu'un homme pour le même travail?
9. Aujourd'hui quelle est la réaction des femmes devant le sexisme?
10. Que font-elles sur le plan légal?
11. Comment cette question est-elle traitée dans le poème de Jacques Prévert?

B. Et vous?

1. Est-ce que vous parlez beaucoup de la révolte des femmes?
2. Est-ce qu'il y a du sexisme dans votre classe? Dans votre famille? Donnez des exemples.
3. Est-ce que vous êtes d'accord avec les arguments des féministes?

4. Pourquoi ne parle-t-on pas beaucoup de l'émancipation de l'homme?
5. Que pensez-vous de la publicité dans les journaux et les magazines?
6. Est-ce que vous trouvez sexiste la publicité à la télévision? Donnez des exemples.
7. Les femmes sont-elles quelquefois sexistes, elles aussi?
8. Dans quelles circonstances manifestez-vous? Pour quelles causes?
9. Y a-t-il des images ou des situations sexistes dans vos livres de classe? Donnez des exemples.

C. Slogans

Imagine that you want to make posters for a demonstration. Using an item from each column, compose some messages for your signs. Be as conservative—or as liberal—as you wish.

A bas	la violence
Arrêtez	les cigarettes
Cherchez	la guerre
Faites	le sexisme
Respectez	les femmes
Demandez	les hommes
Achetez	l'amour
Écoutez	la liberté
Découvrez	l'égalité
Vive(nt)	les petites autos
Éliminez	la pollution de l'air
Libérez	l'énergie nucléaire
Manifestez pour	les animaux
Manifestez contre	les professeurs
?	?

D. Opinions

Use the cues to construct questions. Then use your questions to interview a classmate.

1. Est-ce que vous êtes pour . . .?
2. Est-ce que les femmes manifestent contre . . .?
3. Est-ce que vos livres de français sont . . .?
4. Est-ce qu'un(e) bon(ne) journaliste est capable de . . .?
5. Est-ce que vous manifestez contre . . .?
6. Est-ce que les hommes sont . . .?
7. Est-ce qu'on parle de l'émancipation de la femme dans . . .?

8. Dans quelles circonstances manifestez-vous pour . . .?
9. Est-ce que vous voulez libérer . . .?
10. Est-ce que les réactions des hommes sont . . .?
11. Est-ce que les réactions des femmes sont . . .?
12. Peut-on blâmer les femmes de . . .?

E. Êtes-vous d'accord?

Pierre Lesage, a young Frenchman, enjoys expounding on his personal philosophy. Do you agree or disagree with his opinions? If you disagree, reword the statement so that it reflects your views.

1. Les hommes sont plus intelligents que les femmes.
2. Les hommes ont plus de courage que les femmes.
3. Les hommes sont plus logiques mais moins intuitifs que les femmes.
4. Les femmes sont moins intéressantes que les hommes.
5. Les femmes sont moins individualistes que les hommes.
6. Les hommes conduisent mieux que les femmes.
7. Les femmes parlent trop.
8. Les femmes n'ont pas d'imagination.
9. Les femmes sont toujours malades.
10. Nous, les hommes, nous n'avons pas de préjugés.

CHAPITRE HUIT

Êtes-vous superstitieux?

*Etes-vous un peu, beaucoup ou dangereusement superstitieux! Si
vous voulez savoir la réponse, faites ce test.*

1. *Vous donnez un dîner. Il y a 14 invités. Une heure avant le dîner, un
   ami téléphone pour dire qu'il ne vient pas. Que faites-vous pour ne pas
   être 13 à table!*
   a. Vous cherchez un quatorzième invité. À la dernière minute, vous
      finissez par inviter quelqu'un que vous n'aimez pas beaucoup.
   b. Vous pensez que c'est trop tard pour inviter une autre personne et
      que, probablement, on ne va pas remarquer que vous êtes 13.
   c. Vous placez vos invités à plusieurs tables différentes.
2. *Il y a une échelle sur votre passage.*   ladder
   a. Vous faites un détour pour ne pas passer sous l'échelle.

    b. Vous passez sous l'échelle sans hésiter.

    c. Vous regardez pour voir si l'échelle ne risque pas de tomber sur vous et vous passez sous l'échelle.

3. *Vous êtes chez des amis. Une des invitées sait lire les lignes de la* main *et ses talents ont beaucoup de succès. Elle vous propose de lire les lignes de votre main et prend votre main* gauche.   *hand*

    left

    a. Vous acceptez à condition qu'elle examine vos deux mains. (Vous savez que chaque main représente un aspect différent de votre destinée et de votre personnalité.)

    b. Vous refusez parce que vous avez peur d'apprendre votre *avenir.*   *futur*

    c. Vous acceptez pour passer le temps.

4. «*Certains animaux vous portent* chance, *d'autres vous portent* mal-   *good luck*
chance.»

    a. C'est rigoureusement exact et cela fait partie des choses inexplicables.

    b. Absolument pas.

    c. Oui, mais au commencement ce sont probablement de simples coïncidences; ensuite on cultive ces coïncidences et on est influencé.

5. *Portez-vous un vêtement d'une certaine couleur quand vous avez un*   *clothes*
rendez-vous important?

    a. Oui, parce que c'est votre couleur de chance.

    b. Oui, parce que vous aimez cette couleur et vous avez un vêtement élégant de cette couleur-là.

    c. Non, vous portez simplement des vêtements appropriés pour le rendez-vous en question.

6. *C'est la première fois que vous êtes dans une maison, mais vous avez l'étrange impression de connaître cette maison—une impression de* «déjà vu».   *having already seen*

    a. Vous êtes fasciné par l'idée d'avoir habité dans cette maison pendant une autre vie et vous cherchez d'autres signes.

    b. Vous trouvez cela intéressant et vous achetez un livre de psychologie.

    c. Vous décidez que c'est seulement une impression temporaire et vous pensez à autre chose.

7. *Quelle importance le numéro 13 a-t-il pour vous?*

    a. Vous achetez toujours un billet de loterie nationale le vendredi 13 parce que ça porte *bonheur.*   *good luck, happiness*

    b. Si vous voyagez en train, vous êtes toujours sûr d'avoir une place parce que beaucoup de gens refusent le numéro 13.

    c. Vous refusez de prendre un appartement situé au numéro 13, même si l'appartement est magnifique et pas cher.

8. *Voici les trois habitudes superstitieuses les plus communes. Quelle habitude est la plus typique pour vous?*

    a. Vous *touchez du bois.*   *knock on wood*

b. Vous n'*allumez* pas trois cigarettes avec la même *allumette*. *light/match*
c. Vous faites un détour quand vous voyez un chat noir.

9. *Dans un Boeing 707 trois passagers ont peur de l'accident. Préférez-vous l'attitude de Jean, de Chantal ou de Paul?*

a. Jean: «Si c'est le jour de malchance du pilote, tout est fini.»
b. Chantal: «C'est mon jour de chance, il n'y a pas de risque sérieux.»
c. Paul: «Je vais demander à l'hôtesse comment fonctionne le masque à oxygène.»

10. *Faites-vous des rêves qui annoncent des événements futurs?* *dreams*

a. Oui, quelquefois, pour des choses sans importance.
b. Non, jamais.
c. Oui, fréquemment.

Résultats du test

Etes-vous superstitieux ou non? Si vous voulez le savoir, (1) encerclez la lettre qui correspond à votre réponse et (2) additionnez le nombre de lettres cerclées dans chaque colonne.

Questions No.	Réponses □	◇	○
1	b	c	a
2	c	b	a
3	c	a	b
4	b	c	a
5	c	b	a
6	c	b	a
7	b	a	c
8	b	a	c
9	c	b	a
10	b	a	c

Quelle colonne a le plus grand total?

Si c'est la colonne □, vous n'êtes pas superstitieux. Vous êtes logique, lucide, un peu sceptique et difficile à duper.

Si c'est la colonne ◇, vous êtes un peu superstitieux mais sans conviction. Vous avez beaucoup de bon sens et un petit grain de fantaisie. Vous êtes optimiste, tolérant et diplomate.

Si c'est la colonne ○, vous êtes superstitieux. Vous êtes fasciné par l'étrange et le mystérieux. Vous voyez du surnaturel partout. Attention, vous risquez d'être victime des charlatans.

Si vous avez le même nombre de réponses dans la colonne □ et dans la colonne ◇, vous êtes assez rationnel mais vous avez encore quelques superstitions.

Si vous avez le même nombre de réponses dans la colonne ◇ et dans la colonne ○, vous êtes très superstitieux mais avec optimisme et humour.

Si vous avez le même nombre de réponses dans la colonne □ et dans la colonne ○, vous êtes souvent illogique et contradictoire. Ou peut-être vous ne répondez pas sérieusement aux questions? Alors, recommencez!

Extrait et adapté d'un article de *Elle* par Ernst Dichter

Notes Culturelles

   Like Americans, many French people have an irrepressible urge to know what the future holds for them. For those unwilling to wait patiently to see how events unfold, there are between 3000 and 4000 fortunetellers in France and more than 500 in Paris alone. At least 2500 people visit Parisian fortunetellers each day, paying from 50 to 700 francs per consultation. The famous crystal ball is often part of the fortuneteller's equipment but is rarely used for consultations. Fortunetellers rely instead on palm reading, interpretation of playing cards or tarot cards, numerology, interpretation of ink stains and the meanings of dreams. People who do not care to visit fortunetellers can read the horoscopes included in most French magazines and newspapers.

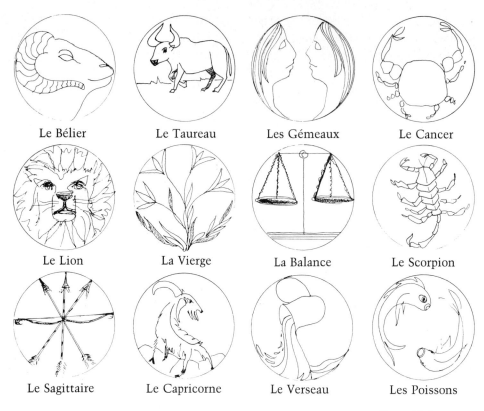

Le Bélier   Le Taureau   Les Gémeaux   Le Cancer

Le Lion   La Vierge   La Balance   Le Scorpion

Le Sagittaire   Le Capricorne   Le Verseau   Les Poissons

Aide-Lecture

Words with opposite meanings are often found in a sentence or paragraph in which the writer wants to juxtapose and contrast ideas. Recognizing the presence of opposites often aids comprehension. A sentence from the reading illustrates this: **Certains animaux vous portent chance, d'autres vous portent malchance.** Knowing that **chance** means "luck" may help you understand that **malchance** means "bad luck."

To practice recognizing opposites, match each word in the left column with its opposite in the right column.

1. _____ bonheur   a. droite
2. _____ avenir   b. sur
3. _____ gauche   c. malheur
4. _____ commencement   d. fin
5. _____ cher   e. passé
6. _____ fréquemment   f. premier
7. _____ dernier   g. rarement
8. _____ sous   h. bon marché

Activités

A. Compréhension du texte

Based on the vocabulary and information presented in the reading, supply the missing words in the following paragraph.

Ma grand-mère est très superstitieuse; elle refuse absolument de passer sous une _____ parce qu'elle pense que ça porte malheur. Si elle voit un chat noir, elle fait un _____ parce qu'elle croit que c'est un _____ signe et que cela va lui porter _____. Elle me dit toujours de ne pas _____ trois cigarettes avec la même _____. Elle achète souvent un billet de _____ le vendredi 13 parce qu'on dit que cela porte _____. Elle dit qu'elle fait souvent des _____ qui annoncent des _____ futurs et elle a un livre qui explique la signification des différentes lignes de la _____. Mais moi, je pense que ce sont des _____ injustifiées et qu'on ne peut pas prédire l'_____.

B. Et vous?

Do you agree or disagree with the following opinions? If you disagree, reword the statement so that it reflects your views.

1. La vie des hommes est gouvernée par des forces surnaturelles.
2. Les sciences occultes peuvent expliquer beaucoup de phénomènes bizarres.

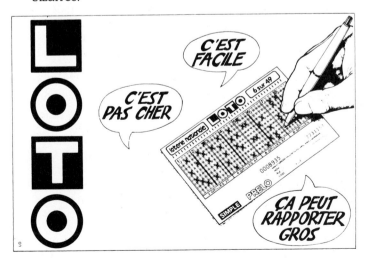

C'EST FACILE
C'EST PAS CHER
ÇA PEUT RAPPORTER GROS

3. Les personnes mortes sont réincarnées sous forme d'animaux.
4. La télépathie mentale est un phénomène réel.
5. Il est possible de communiquer avec des personnes qui sont mortes.
6. La liberté est une illusion; c'est la destinée qui détermine notre vie.
7. Après la mort, l'esprit d'une personne continue à vivre.
8. Il est possible de lire le caractère et la destinée d'une personne dans les lignes de sa main.
9. Tout le monde est plus ou moins superstitieux, mais tout le monde n'a pas le courage de l'admettre.
10. Les jeunes de notre génération sont plus superstitieux que leurs parents.

C. Origine de quelques superstitions

What is the origin of each of these superstitions? If you don't know, consult the explanations provided.

1. Savez-vous pourquoi on dit que cela porte malheur d'allumer trois cigarettes avec la même allumette?
2. On dit que cela porte malheur d'être 13 à table. Savez-vous quelle est l'origine de cette superstition?
3. Pourquoi dit-on que cela porte malheur de passer sous une échelle?
4. Pourquoi dit-on qu'un chat noir porte malheur?
5. Savez-vous pourquoi on touche du bois?
6. En France, le vendredi 13 est-il un jour de chance ou de malchance?

Réponses

1. *Cette superstition date de la guerre; quand trois soldats allument leurs cigarettes avec la même allumette, l'ennemi a le temps d'identifier leur position.*
2. *Cette superstition a une origine religieuse: le dernier souper de Jésus Christ et de ses douze apôtres. Jésus Christ est mort quelques jours plus tard à cause du traître Judas.*
3. *Parce que l'échelle ou la personne qui est sur l'échelle risque de tomber sur vous.*
4. *C'est à cause des sorcières de l'époque médiévale. La tradition dit qu'il est possible pour une sorcière de se transformer en chat; il est donc prudent de faire un détour quand on voit un chat noir!*
5. *Cette superstition vient de la religion chrétienne: le bois de la croix de Jésus Christ est une relique qui protège les gens qui le touchent. La légende populaire offre aussi une autre explication. Pour les hommes de l'époque médiévale, le monde est plein de forces mystérieuses ou sataniques qui veulent connaître les secrets des humains. Pendant une conversation importante ou secrète, vous tapez donc sur du bois parce que vous ne voulez pas que les esprits sataniques entendent vos secrets.*
6. *Les Français considèrent généralement le vendredi 13 comme un jour qui porte chance.*

D. Superstitions et remèdes de bonnes femmes

Alone or with a group of students, create new superstitions or old wives' tales (**remèdes de bonnes femmes**).

Exemples: **Pour parler français sans accent, mangez deux douzaines d'escargots tous les matins.**
Si vous voulez avoir de la chance en amour, placez un oignon sous votre table de nuit le premier jeudi de chaque mois.

E. La Loterie Nationale

Below is a ticket that you have purchased for the **Loterie Nationale**. You have just been informed that the winning number is 12.967. Write a paragraph describing how you are going to spend the 10.000 francs that you have won.

Le Jogging et nous

Les sports ont aussi leurs *modes*. Un jour, c'est le tennis qui est à la mode. Le lendemain, c'est la bicyclette. Aujourd'hui, c'est le jogging qui remplace tous les autres sports et qui est acclamé comme le sport idéal et la solution à tous nos problèmes. *fashions*

Avec l'arrivée du jogging en France, le plus vieux et le plus simple de tous les sports est en train de redevenir à la mode. Pour imiter l'exemple de l'Amérique, notre modèle de civilisation moderne, notre bonne vieille *course à pied* est rebaptisée «footing», puis «running» et enfin «jogging». Aujourd'hui on n'entend plus la remarque ironique, «Tiens, vous *courez*?» mais la remarque opposée, «Vous ne courez pas?» *running* *are running*

Pourtant la popularité du jogging n'est pas seulement une question de mode. Du point de vue physique, c'est un sport qui développe le système cardio-vasculaire aussi bien que les muscles. Les avantages psychologiques ne sont pas moins importants. «Courir, c'est vivre», disent les enthousiastes de ce sport. Certains disent même qu'il les aide à trouver des solutions à leurs problèmes. «Pour moi, c'est un remède contre l'anxiété.» «La course à pied m'apporte une certaine sérénité, un sentiment de liberté et de bien-être physique.» À d'autres, elle donne même une impression de *«sainteté»*.   *holiness*

Beaucoup de sports modernes sont basés sur les machines (motos, etc.), les sites exotiques (lacs, montagnes, etc.), les compétitions, c'est-à-dire, sur le drame, l'aventure et le spectacle. Le jogging, au contraire, est un sport simple et naturel. Le seul accessoire indispensable est une paire de bonnes *chaussures*. C'est un exercice de découverte de *soi-même*. Et cette simplicité   *shoes/oneself* contraste avec le caractère souvent artificiel de la vie moderne. Libérée de notre technologie, de nos machines, la course à pied nous *ramène* à nous-   *brings back* mêmes et cette réunion nous apporte une joie simple et profonde.

Extrait et adapté d'articles de *l'Express* et de *Jeune Afrique*

Notes Culturelles

Like Americans, French people are becoming increasingly aware of the importance of physical fitness. In general, they prefer individual activities to competitive team sports. Jogging, bicycling, hiking, sailing, skiing, and mountain climbing are already popular. Tennis is growing rapidly in popularity and a number of articles in French magazines are devoted to this sport. More dangerous sports like white-water swimming and hang-gliding are also becoming increasingly popular.

Soccer, basketball, and volleyball are usually played in schools, but only soccer has become a highly organized spectator sport. Other team sports such as baseball and American football are virtually unknown in France.

Aide-Lecture

Conjunctions and adverbial phrases are often very helpful in understanding a new language. They provide signals about the meaning that is to follow them. **Et,** for example, indicates that what follows is parallel to, or an extension of, what came before. **Mais, pourtant,** or **au contraire** signal a contradiction. **Donc** indicates that what follows is a result or consequence. **Néanmoins** introduces a condition or activity that is taking place in spite of what has already been said. All of these types of conjunctions help the reader to anticipate what will follow.

Complete the following sentences with meanings that are anticipated by the conjunctions used.

1. Aujourd'hui, c'est le jogging qui est à la mode et . . .
2. Le jogging est un sport simple, mais . . .
3. Il y a des gens qui disent que le jogging les fatiguent; d'autres, au contraire, . . .
4. Le jogging est un sport individuel; pourtant, . . .

Activités

A. Compréhension du texte

On the basis of the information given in the reading, indicate whether each statement is true or false. If a statement is false, reword it to make it true.

1. Le sport le plus populaire en France en ce moment est la bicyclette.
2. Le jogging est le nom moderne qu'on donne à la course à pied.
3. Le jogging est bon pour développer les muscles mais pas pour le système cardio-vasculaire.
4. Pour beaucoup de gens, les avantages psychologiques du jogging sont beaucoup moins importants que les avantages physiques.
5. Pour les enthousiastes du jogging, ce sport est même un remède contre l'anxiété.
6. Contrairement à beaucoup d'autres sports, la course à pied est un sport qu'on pratique sans machines et sans accessoires.
7. La course à pied est un sport qui place l'individu face à lui-même.

B. Et vous?

1. Est-ce que vous faites du jogging? Pourquoi ou pourquoi pas? Si oui, quelle distance courez-vous?
2. Si vous ne courez pas maintenant, est-ce que vous avez l'intention de le faire un jour? Si oui, pourquoi? Sinon, pourquoi pas?
3. À votre avis, pourquoi est-ce que le jogging est de plus en plus populaire aux États-Unis?
4. Est-ce qu'il y a beaucoup de gens qui font du jogging dans votre région? Sinon, quel sport les gens préfèrent-ils?
5. À votre avis, est-ce que le jogging est le sport idéal? Sinon, quel est le sport idéal et pourquoi?
6. Selon l'auteur de ce texte, le jogging a des avantages psychologiques. Est-ce que vous êtes d'accord?

C. Sports et sportifs

1. Using the vocabulary given, tell what sport each person plays. Then make up true-false questions to ask other students about various sports figures, such as **Jean-Claude Killy est un athlète français qui fait du ski nautique. Vrai ou faux?**

jouer...

au tennis, au golf, au base-ball, au basket-ball, au football *(soccer)*, au football américain, au rugby, au hockey

faire...

de l'alpinisme *(mountain climbing)*, de la natation *(swimming)*, de la bicyclette, du ski, du ski nautique, de l'athlétisme *(track and field)*, de la lutte *(wrestling)*, de la boxe, de la course automobile *(racing)*, du cheval *(horseback riding)*, de la gymnastique

1. Chris Evert Lloyd
2. Pete Rose
3. Kareem Abdul-Jabbar
4. Jack Nicklaus
5. Roger Staubach
6. Nancy Lopez
7. Pélé
8. Guy Lafleur
9. Muhammad Ali
10. Mario Andretti

2. Imagine that you are a famous sports figure. Other students will try to guess your identity by asking you questions.
3. Imagine that you're a reporter who is going to interview a well-known sports personality. What questions would you like to ask this person? Prepare a series of questions for your interview. Another student can play the role of the athlete you've chosen.
4. Make up questions and use them to interview other students about their favorite sports.

D. Etes-vous un(e) vrai(e) sportif(-ive)?

To find out how sports-minded you are, answer these questions. Then consult the interpretation at the end of the questionnaire.

1. Est-ce que vous pratiquez au moins un sport régulièrement?   oui   non
2. Est-ce que vous regardez régulièrement les différentes compétitions sportives à la télevision?   oui   non
3. Est-ce que vous connaissez le nom d'au moins dix équipes de football professionel aux États-Unis?   oui   non
4. Est-ce que vous pensez que l'importance accordée aux sports dans les universités et écoles américaines est justifiée?   oui   non
5. Quand vous avez du temps libre, est-ce que vous choisissez de faire du sport?   oui   non
6. Savez-vous qui est le fondateur des Jeux Olympiques modernes?   oui   non
7. Est-ce que vous préférez généralement la compagnie d'un(e) sportif(-ive) à la compagnie d'un(e) intellectuel(le)?   oui   non
8. Est-ce que vous essayez souvent de persuader vos ami(e)s de faire plus de sport?   oui   non
9. Est-ce que vous allez voir au moins un match de base-ball, un match de basket-ball et un match de football par an?   oui   non
10. Est-ce que vous consacrez une partie importante de votre budget à vos activités sportives?   oui   non

Interprétation: Combien de réponses affirmatives avez-vous?

9–10   Howard Cosell, vous êtes éliminé! Voici la personne qui va vous remplacer!

3–8   Le sport occupe une place importante mais raisonnable dans votre vie.

1–2   Vous êtes aussi sportif(-ive) qu'un lézard; mais vous pouvez toujours lire l'encyclopédie du sport pendant votre temps libre.

E. Points de vue

1. Il y a des gens qui pensent qu'on accorde trop d'importance aux sports dans les écoles et les universités américaines. Êtes-vous d'accord avec ces personnes? Pourquoi ou pourquoi pas?
2. Essayez d'expliquer à des amis français le rôle des sports dans la vie américaine.

Deuxième Partie

CHAPITRE DIX

Les Jeunes Français d'aujourd'hui

Qui sont les jeunes Français? En quoi sont-ils différents des générations qui les ont précédés? Que veulent-ils?

Selon un récent sondage d'opinion, ils veulent surtout avoir une famille unie et affectueuse et un bon travail. Ils veulent vivre une vie libre, loin de tous les régimes totalitaires et plus près de la nature. Pour eux, le travail redevient une valeur, la famille retrouve ses vertus et le dialogue est essentiel dans tous les domaines.

Voici leurs réponses aux questions du sondage.

opinion poll

1. Avoir un idéal

Selon vous, est-ce qu'il est nécessaire d'avoir un idéal?   *According to*

Oui	83%
Non	14
Pas de réponse	3

Si vous croyez qu'il est nécessaire d'avoir un idéal, quel est pour vous cet idéal?

La *réussite* familiale (la famille, la vie privée)	23%	*success*
La réussite professionnelle (avoir un bon travail, un métier agréable et intéressant)	20	
Le *bonheur*	16	*happiness*
Bien vivre (bien manger, avoir des *loisirs*, profiter de la vie, les voyages, etc.)		*leisure activities*
Avoir de l'argent, avoir une maison	10	
Vivre selon certaines valeurs (politiques, esthétiques, morales, religieuses)	9	
La justice sociale, la *paix*	7	*peace*
La santé	3	
Autres réponses	15	
Pas de réponse	14	

2. Avoir une influence

Pensez-vous que les gens de votre génération peuvent avoir une influence sur la destinée de la France ou, au contraire, avez-vous le sentiment d'être à la merci des événements?

Nous pouvons avoir une influence réelle.	19%
Nous pouvons avoir une influence relative.	26
Nous dépendons en partie des événements.	28
Nous sommes entièrement à la merci des événements.	20
Pas de réponse	7

3. Les études

Que pensez-vous des études que vous faites? Est-ce qu'elles vous préparent bien pour réussir dans la vie?

Oui, très bien	5%
Oui, assez bien	50
Non, pas assez bien	29
Non, très mal	12
Pas de réponse	4

4. Votre génération

À votre avis, est-ce que votre génération sera très différente ou pas très différente de la génération de vos parents?

Très différente	74%
Pas très différente	23
Pas de réponse	3

5. Les injustices

À votre avis, *envers* qui la société d'aujourd'hui est-elle la plus injuste,   *toward* les jeunes ou les personnes âgées?

Les jeunes	36%
Les personnes âgées	42
Pas de réponse	22

6. Le bonheur, qu'est-ce que c'est?

Voici une liste de mots. Quels sont les deux mots qui symbolisent le mieux votre idée du bonheur?

La liberté	47%	L'action		
Le plaisir	26	(sociale, politique, professionnelle)	8%	
La nature	23	La religion	5	
L'indépendance	22	L'*oubli*	2	*forgetting*
La gentillesse	20	Le *pouvoir*	1	*power*
Le soleil	12	La solitude	1	
Les autres	12	Le sacrifice de soi-même	0	
La richesse	10	La violence	0	
Le travail	8	Pas de réponse	1	

7. L'argent ou le temps?

Imaginez que vous avez le choix entre avoir plus de temps libre et gagner moins d'argent ou travailler *davantage* et gagner plus d'argent. Qu'est-ce   *more* que vous allez choisir?

Avoir plus de temps libre et gagner moins	66%
Travailler davantage et gagner plus	27
Pas de réponse	7

Extrait et adapté d'un article de *l'Express*

Notes Culturelles

En général, les jeunes Français sont assez optimistes. Les relations des jeunes avec leurs parents sont un exemple de cet optimisme. Beaucoup de jeunes Français pensent que parents et enfants ont maintenant tendance à mieux se comprendre et que le fossé des générations (*generation gap*) est plus un mythe qu'une réalité. Ils semblent aussi être assez optimistes en ce qui concerne l'avenir de la France. Peu de jeunes pensent qu'ils verront une grande guerre pendant leur vie. Ils pensent aussi que le progrès scientifique et technologique apportera plus d'avantages que d'inconvénients, mais ils veulent protéger leur pays contre l'invasion du béton (*concrete*) et les dangers de l'énergie nucléaire.

Aide-Lecture

As we read, we are continually anticipating the meaning or content of the passage. In our minds, we create a real-world context for the printed words. Being able to anticipate is partly a result of our previous experience and knowledge. In this chapter's passage, our ability to anticipate is influenced by what we know about surveys and what we believe young French people will say.

Our ability to anticipate individual words is aided by both our knowledge of the world and our knowledge of vocabulary and grammar. Practice anticipating meaning by supplying appropriate words to complete the following paragraph.

Mes parents pensent qu'il est nécessaire d'_____ un idéal dans la vie et je suis d'_____ avec eux. Mais nous ne _____ pas toujours d'accord sur la définition de cet idéal. Pour moi, la _____ sociale n'est pas très importante. Je désire, au contraire, _____ dans ma vie privée et faire un _____ que j'aime. J'aime _____ gagner moins et avoir _____ de temps libre. Comme mes parents, je pense qu'il est important de faire des _____ à l'université, mais je ne suis pas très content(e) des _____ que je suis cette année. En tout cas, mes parents et _____, nous sommes d'accord sur une chose: nous espérons qu'il n'y aura plus de guerre et que tout le monde pourra vivre en _____.

Activités

A. Compréhension du texte

Vrai ou faux? Si le sens de la phrase est faux, corrigez-le.

1. La plupart des jeunes Français pensent qu'il est nécessaire d'avoir un idéal dans la vie.
2. Le bonheur et la justice sociale sont les deux choses les plus importantes pour les jeunes.
3. Les valeurs politiques, esthétiques et morales sont aussi très importantes pour eux.

4. Peu de jeunes pensent qu'ils peuvent avoir une influence réelle sur la destinée de la France.
5. Selon la plupart des jeunes, les études qu'ils font leur donneront une excellente chance de réussir dans la vie.
6. Les jeunes voient une grande différence entre leur génération et la génération de leurs parents.
7. Ils pensent aussi que la société est moins injuste envers les gens âgés qu'envers les jeunes.
8. Pour eux, avoir du temps libre est plus important que posséder beaucoup d'argent.

B. Et vous?

Répondez aux questions du sondage. Ensuite, comparez vos réponses avec (a) les réponses des jeunes Français et (b) les réponses des autres étudiants de votre classe. Discutez les différences.

C. La personne la plus admirée

Quand on a demandé aux jeunes Français: «Quelle est la personne vivante ou morte que vous admirez le plus?», ils ont choisi les personnes suivantes:

Pas de réponse	39%	Victor Hugo	1%
Mon père ou ma mère	11	Autres hommes politiques	7
Jacques Brel	3	Autres artistes	7
Le Christ	3	Autres personnalités du spectacle	
Napoléon	2	(cinéma, télévision, théâtre, etc.)	6
Gandhi	2	Autres hommes de science	3
Elvis Presley	1	Mon mari ou ma femme	2
Claude François	1	Sportifs	2
Pasteur	1	Personnalités religieuses	1
Einstein	1	Autres réponses vagues	3

1. A votre avis, pourquoi est-ce que beaucoup de jeunes n'ont pas répondu à cette question?
2. Parmi les personnes admirées, les parents viennent en première place. Quelle est votre réaction devant cette réponse? Est-ce que les jeunes Américains de votre génération ont le même respect envers leurs parents?
3. Et vous, quelle est la personne que vous admirez le plus? Pourquoi?
4. On a demandé à votre classe de choisir une seule personne pour le titre de «personne la plus admirée». Quel(le) sera votre candidat(e)? Défendez votre choix et essayez de persuader les autres étudiants de voter pour lui(elle).

D. À la recherche de la vie idéale

Dans une certaine mesure, nous sommes tous à la recherche de l'ami(e) idéal(e), du climat idéal, du travail idéal. Exprimez vos désirs personnels dans les phrases suivantes.

Exemple: Un climat idéal est un climat où *il pleut seulement la nuit.*

1. Un père idéal est un père qui . . .
2. Une mère idéale est une mère qui . . .
3. Un mari idéal est un mari qui . . .
4. Une femme idéale est une femme qui . . .
5. Un(e) ami(e) idéal(e) est un(e) ami(e) qui . . .
6. Un professeur idéal est un professeur qui . . .
7. Un étudiant idéal est un étudiant qui . . .
8. Un couple idéal est un couple qui . . .
9. Un travail idéal est un travail qui . . .
10. Un climat idéal est un climat où . . .

E. Le secret de la réussite

En employant les choix donnés, indiquez deux ou trois choses qu'il faut avoir pour réussir (1) dans son travail, (2) dans ses études et (3) dans sa vie personnelle (rapports avec les amis, la famille, etc.). Comparez et discutez vos réponses.

Exemple: Il n'est pas nécessaire de connaître des gens importants pour réussir dans son travail. L'intelligence et l'enthousiasme sont beaucoup plus importants.

le travail, l'argent, la chance, connaître des gens importants, l'intelligence, le courage, l'absence de scrupules, l'opportunisme, la prudence, l'enthousiasme, savoir écouter les autres, savoir parler, la gentillesse, la générosité, le charme,?

F. Points de vue

1. En quoi la société américaine est-elle injuste envers les jeunes? Et envers les vieux?
2. Est-ce que votre génération est différente de la génération de vos parents? Quelles sont les différences principales?
3. Que pensez-vous de vos études? Expliquez votre réponse.

Que faire si vous voyez une soucoupe volante

Les apparitions d'objets mystérieux dans le *ciel* se multiplient. Même les *gendarmes* observent de temps en temps des O.v.n.i. (objet volant non identifié). Probablement un de ces jours vous allez rencontrer un O.v.n.i. Voilà nos suggestions si vous voyez une soucoupe volante.

sky
la police

N'ayez pas peur

L'essentiel, c'est de garder votre calme. Ne *criez* pas: vous risquez d'alarmer les occupants de la machine. *Cachez-vous* pour ne pas être remarqué. Les habitants des autres mondes aiment observer notre planète, mais ils détestent être observés. Le plus souvent on voit les soucoupes volantes la nuit dans une région déserte. Quelquefois elles suivent un instant

scream
Hide

les automobilistes. Dans ce cas, mettez-vous sur le côté de la route, arrêtez le moteur et admirez le phénomène. Avec un peu de chance, vous pourrez voir d'étranges créatures sortir de ce véhicule. Leur apparence est très intrigante. D'après un spectateur ces personnages n'ont pas d'yeux; à la place des yeux il y a seulement deux grandes cavités sans iris ni pupille.

Prenez vos précautions

Si possible, observez la scène avec des *lunettes de soleil*, car toutes les descriptions indiquent que la luminosité de ces machines mystérieuses est très grande.

sunglasses

Ne bougez surtout pas: n'essayez pas de courir après les passagers d'une soucoupe volante. Ils sont petits (de 0,90 *m* à 1,20 m) mais ils courent vite. Tous les observateurs affirment qu'ils sont très rapides. «Leurs jambes semblent ne pas toucher le *sol*». Attachez vos chiens parce que les «petits hommes verts» ont peur des chiens.

mètre

ground

Restez calme

Si vous voulez photographier ce phénomène étrange, ne perdez pas votre *sang-froid*. Dans ces circonstances les photographes amateurs sont très excités et leurs photos ne sont pas toujours bonnes.

calme

N'oubliez pas de téléphoner aux gendarmes. Mais attention, si vous manifestez trop d'exaltation, les gendarmes vont vous accuser d'être fou. Votre description doit être la plus précise possible. Notez la date, l'heure, le lieu, les conditions atmosphériques, la forme de la machine, sa direction, ses couleurs.

Si votre déclaration à la police n'est pas prise au sérieux, vous pouvez envoyer votre rapport à l'une des trois revues françaises qui donnent beaucoup d'importance à ces observations: *Lumière dans la nuit*, *Phénomènes spatiaux* et *Ouranos*.

light

Uranus

On ne sait jamais

Vous ne savez jamais quand vous allez voir une soucoupe volante. Pour être *prêt*, suivez les suggestions de cet article. Et si vous avez la chance de voir un de ces «petits hommes verts», n'hésitez pas à lui parler. S'il ne comprend pas quand vous lui parlez en anglais—essayez votre français. On ne sait jamais!

prepared

Extrait et adapté d'un article de *Paris Match*

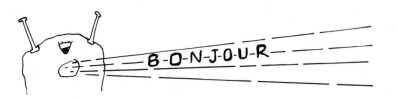

Notes Culturelles

Parler de dirigeables quand les journaux sont pleins d'histoires de soucoupes volantes peut paraître un peu bizarre. Pourtant, certains experts pensent que le besoin de conserver l'énergie et de protéger l'environnement peuvent nous amener à considérer sérieusement la construction de nouveaux dirigeables plus sûrs et plus versatiles que leurs ancêtres. En fait, le gouvernement français est en train de considérer plusieurs projets de dirigeables capables de transporter des charges de 500 tonnes et de les déposer avec précision. Deux de ces projets expérimentaux les plus intéressants sont

- Le projet Obélix. Ce dirigeable, qui porte le nom d'un célèbre héros de bandes dessinées (*cartoons*), est composé de plusieurs ballons.
- Le projet Titan. C'est un dirigeable qui est capable de transporter 900 tonnes et qui a la forme d'une soucoupe volante!

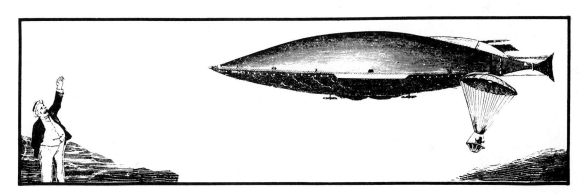

Aide-Lecture

You have probably noticed that the numbers used in this book are written in the European style. The most significant difference is the reversed roles of commas and periods. The decimal form of ten and a half becomes 10,5 and ten thousand becomes 10.000. In printed numbers, a space is usually left between series of three digits (for example, 10 000) instead of using a period.

Rewrite the numbers in the European manner.

6.82	1,000,000
423,998	3.1416
637.42	896,332,410

Activités

A. Compréhension du texte

Complétez les phrases suivantes d'après le texte.

1. Si vous voyez une soucoupe volante, ne criez pas parce que . . .
2. Les habitants des autres mondes aiment observer la Terre, mais . . .
3. Observez les soucoupes volantes avec des lunettes de soleil parce que . . .
4. N'essayez pas de courir après les passagers de ces machines parce que . . .
5. Si vous avez un chien, n'oubliez pas de l'attacher parce que . . .
6. Les gendarmes ne prendront pas votre rapport au sérieux et vont vous accuser d'être fou si . . .
7. Si vous décidez de faire une description d'une soucoupe volante à la police, il faut . . .
8. Dans votre description n'oubliez pas de noter . . .
9. Si votre description n'est pas prise au sérieux, vous pouvez . . .
10. Si un jour vous voyez un de ces «petits hommes verts», vous pouvez . . .

B. Et vous?

Est-ce que les phrases suivantes représentent votre opinion? Corrigez le sens de la phrase si vous n'êtes pas d'accord avec l'opinion exprimée.

1. La Terre n'est pas la seule planète habitée.
2. Les habitants des autres planètes visitent fréquemment la Terre.
3. En réalité, les O.v.n.i. sont des machines utilisées par des forces ennemies pour observer notre pays.
4. En l'an 2000 il y aura des colonies humaines sur d'autres planètes.
5. Les pilotes des O.v.n.i. nous observent pour préparer une invasion de notre planète.
6. Certaines formes de vie existent sur d'autres planètes.

C. Avez-vous du sang-froid?

Avez-vous du sang-froid? (Can you keep your cool?) Si vous voulez le savoir, faites ce test. Les situations données sont susceptibles de provoquer une réaction de peur plus ou moins violente chez certains individus. Utilisez les nombres de 1 à 5 pour indiquer votre réaction à chacune de ces situations. Écrivez le nombre à côté de chaque phrase.

1	2	3	4	5
vous êtes pétrifié de peur	vous avez très peur	vous avez un peu peur	vous restez calme	vous ne faites même pas attention à la situation

_____ 1. Vous êtes dans un tunnel. Brusquement le train s'arrête et il n'y a plus de lumière.

_____ 2. C'est le soir. Vous êtes seul(e). Vous entendez un bruit étrange dans une autre partie de la maison.

_____ 3. Vous êtes dans un avion au-dessus de l'Atlantique. Deux des quatre moteurs s'arrêtent de fonctionner.

_____ 4. Vous êtes perdu(e) dans les montagnes; il fait très froid et vous n'avez rien à manger.

_____ 5. Vous êtes dans un bateau à voiles au milieu du lac pendant une tempête.

_____ 6. Vous allez faire un voyage dans un pays étranger, mais vous ne parlez pas la langue de ce pays.

_____ 7. Vous avez le rôle principal dans une pièce de théâtre présentée par votre école.

_____ 8. Vous allez vous marier. La cérémonie va commencer dans un quart d'heure.

_____ 9. Le téléphone sonne au milieu de la nuit.

_____ 10. Vous allez faire une présentation dans votre classe de français.

_____ 11. Vous sortez pour la première fois avec quelqu'un que vous admirez beaucoup et que vous désirez connaître depuis longtemps.

_____ 12. Vous essayez d'imaginer votre vie quand vous serez vieux (vieille).

_____ 13. C'est le soir. Vous traversez un parc pour rentrer chez vous. Vous remarquez que quelqu'un vous suit.

_____ 14. Vous êtes sur une route déserte et vous voyez arriver une tornade; il n'y a rien pour vous protéger.

_____ 15. Vous êtes dans une banque pour déposer de l'argent sur votre compte-chèque. Il y a un hold-up.

_____ 16. Vous êtes à un match de football; il y a 50 000 spectateurs. Brusquement un policier prend le micro et demande l'évacuation immédiate du stade. Toute le monde autour de vous est pris de panique.

_____ 17. Vous allez dans une station-service pour utiliser les w.-c. Au moment de sortir vous ne pouvez pas ouvrir la porte. Vous criez, mais personne ne vous entend.

_____ 18. Vous faites une promenade le soir avec votre chien. Brusquement vous voyez un objet extrêmement lumineux qui semble venir dans votre direction à une vitesse fabuleuse.

_____ 19. Vous devez passer un examen très important, mais vous n'avez pas étudié.

_____ 20. Vous conduisez à 100 km/h. Vous voyez un camion qui est arrêté sur la route. Vous essayez de vous arrêter mais vos freins ne répondent pas.

_____ Total: Additionnez les nombres. Ensuite, divisez par 20 pour obtenir votre moyenne et consultez les résultats qui suivent.

1,00–1,49: Faites attention! Vous risquez de mourir d'une crise cardiaque.

1,50–2,49: Vous êtes très conscient(e) du danger, mais malheureusement vous n'avez pas assez de contrôle de vous-même.

2,50–3,49: Vous êtes conscient(e) du danger, mais vous savez voir les choses dans leur propre perspective.

3,50–4,49: Votre sang-froid est admirable—mais est-ce que votre sang-froid vient du contrôle de vous-même ou d'une certaine indifférence?

4,50–5,00: Ce n'est plus du sang-froid, c'est de l'apathie!

D. La Terre: cette planète bizarre

Un des «petits hommes verts» venus d'une autre planète a observé des phénomènes bizarres (de son point de vue) pendant son voyage sur la Terre. Pouvez-vous l'aider à identifier ces différents phénomènes?

1. Dans une très grande ville du nord de la France j'ai vu une construction métallique très étrange. C'est une tour en métal. Elle est très haute. Il y a toujours beaucoup de gens autour de cette construction. Ils prennent des photos. Souvent aussi, ces gens entrent dans une petite boîte qui monte et descend continuellement. Qu'est-ce que c'est que cette construction bizarre?

2. Pouvez-vous m'expliquer la scène bizarre que j'ai observée plusieurs fois? Il y a des hommes qui courent dans toutes les directions. Certains sont habillés en rouge, d'autres en bleu. Ils jettent un objet rond

avec leurs pieds et même avec leur tête quelquefois. Il y a beaucoup de spectateurs qui crient et font des gestes. Qu'est-ce que c'est?

3. Le matin, je vois beaucoup de gens qui entrent tous dans le même magasin. Ils restent là quelques minutes. Quand ils sortent, ils portent un objet long sous leur bras. Quelquefois ils prennent un morceau de cet objet et ils le mangent! J'ai aussi remarqué que chaque fois qu'on ouvre la porte de ce magasin on peut sentir une odeur très agréable. Quel est ce magasin et qu'est-ce qu'on y vend?

4. Est-ce que les habitants de votre planète ne travaillent jamais? Je vois toujours des gens assis autour de petites tables. Quelquefois ils restent là pendant des heures, surtout le soir ou à midi. Sur les petites tables il y a des verres pleins de liquides de différentes couleurs. Savez-vous comment on appelle ces endroits?

5. J'ai observé un phénomène qui se répète régulièrement; l'intervalle est toujours de sept jours. Vers dix heures du matin les habitants sortent de leur maison. Ils sont bien habillés. Puis, ils entrent tous dans la même maison. C'est une maison différente des autres, avec une grande tour et des fenêtres de toutes les couleurs. Une heure après, ils sortent, parlent quelques minutes, puis ils rentrent chez eux. Quel est ce bâtiment?

6. Un jour j'ai vu une grande parade militaire avec des tanks, des avions et toutes sortes de machines bizarres qui font beaucoup de bruit. De chaque côté de l'avenue il y a des décorations bleues, rouges et blanches. Le soir, c'est encore plus impressionnant: les gens dansent dans les rues et dans l'air il y a des configurations de lumières de toutes les couleurs. Quel est ce jour spécial?

E. Le «petit homme vert» en Amérique

Mettez-vous à la place de ce «petit homme vert» et préparez une description d'un phénomène de la vie américaine. Présentez cette description à vos camarades, qui vont essayer d'identifier le phénomène en question.

CHAPITRE DOUZE

Les Français vus par les Anglais et réciproquement

«Les Américains sont tous grands, blonds et riches; ils possèdent plusieurs voitures, fument le cigare et *se conduisent* comme de grands enfants.» Cette façon de voir les Américains vous paraît sans doute ridicule, peut-être même irritante? *behave*

Malheureusement, c'est de cette façon que beaucoup d'Européens voient les Américains, surtout s'ils ne sont jamais venus en Amérique ou n'ont pas connu d'Américains personnellement. Les clichés, les idées stéréotypées, sont une façon regrettable mais assez universelle de généraliser à toute une population des remarques qui s'appliquent seulement à quelques individus. La collection de clichés qui suit est typique de cette tendance.

Les Français ...

Ils boivent trop de vin.

Leurs policiers sont ridiculement petits.

Ils ont toujours de bonnes excuses pour la médiocrité de leurs performances sportives.

Ils mangent ce qu'ils appellent «la grande cuisine» qui déguise le *goût* des plats avec des sauces et de l'*ail*. *taste* / *garlic*

Ce sont des *amoureux* passionnés. *lovers*

Ils conduisent leurs voitures avec l'intention délibérée de causer des accidents.

Ce sont des parents tyranniques.

Ils s'arrêtent de faire des gestes seulement quand ils dorment.

Ils basent leur supériorité culturelle sur quelques peintres impressionnistes, beaucoup de poésie obscure et un théâtre de l'absurde que personne ne comprend.

Les Anglais ...

Ils sont obsédés par leurs chiens.

Ils boivent du thé toute la journée.

Ce sont des amoureux *maladroits* et leurs femmes sont frigides. *clumsy*

Ils sont calmes en toutes occasions parce qu'ils sont incapables de *s'enthousiasmer*. être enthousiastes

Ils adorent les parades militaires.

Leur cuisine est si mauvaise qu'ils sont obligés de mettre du ketchup sur tout ce qu'ils mangent.

Ils ne parlent jamais dans les trains, dans la rue, ni même chez eux, mais quand ils commencent à faire des confidences, on ne peut plus les arrêter.

Ce sont des parents sans autorité.

Ils pensent que tous les étrangers *devraient* parler anglais. *should*

Ils ont de l'humour mais ils n'ont pas d'*esprit*. *wit*

Extrait et adapté d'un article de *Paris Match*

Notes Culturelles

L'humour et la caricature dont vous avez un exemple dans le texte précédent utilisent délibérément les clichés populaires. Pourquoi ces clichés sont-ils si communs? Peut-être, d'abord, parce que ça permet de simplifier la réalité. Peut-être aussi parce que, comme toutes les généralités, les clichés sont basés sur une part de vérité. Par exemple, l'image traditionnelle du Français coiffé d'un béret est basée sur les habitudes d'une certaine classe sociale (les ouvriers, les paysans et les jeunes garçons) à une certaine époque (surtout les années trente et quarante). Cette image a été rendue célèbre par les nombreux films sur la guerre et sur la Résistance. C'est donc le fait d'appliquer ces clichés à tout le monde, en bloc, qui les rend amusants ou même ridicules. La nature de la caricature est précisément d'isoler quelques traits et de les exagérer jusqu'à des proportions ridicules.

Aide-Lecture

What is the title of the selection you have just read? Too often we tend to overlook titles or merely glance at them. Yet they can be useful previews of what we are going to read and can help us anticipate the content of a passage.

Imagine that you are to choose an alternate title to «Les Français vus par les Anglais et réciproquement». From the choices provided, choose the one that best describes the content of the passage. Which is the least appropriate? Then create your own title for this reading.

Les Français et les Anglais: amis ou ennemis?
Perspectives historiques
L'Humour chez les Français et chez les Anglais
Clichés et caricatures

Activités

A. Compréhension du texte

Vrai ou faux? Si le sens de la phrase est faux, corrigez-le.

1. Les Anglais pensent que les Français boivent trop de vin.
2. Les Anglais pensent que les Français sont des sportifs remarquables.
3. Les Anglais pensent que les Français conduisent très bien.
4. Les Anglais pensent que les Français font trop de gestes.
5. Les Français pensent que les Anglais s'occupent trop de leurs chiens.
6. Les Français pensent que les Anglais n'aiment pas les parades militaires.
7. Les Français pensent que les Anglais ne disciplinent pas suffisamment leurs enfants.
8. Les Français pensent que les Anglais sont incapables de s'enthousiasmer.

B. Images et symboles

Quelle image des Anglais et des Français les deux caricatures nous proposent-elles? Regardez-les et répondez aux questions suivantes. À votre avis quelle est la part de vérité et la part d'exagération dans chacune de ces caricatures?

1. Qu'est-ce que les Français portent sur la tête?
2. Qui est le personnage historique que les Français admirent le plus?
3. Qu'est-ce que ce Français typique tient dans sa main droite?
4. Qu'est-ce qu'il tient dans sa main gauche?
5. Comment traite-t-il ses enfants?
6. Pourquoi y a-t-il des bouteilles à côté de lui?
7. Est-ce que les Anglais parlent français avec un bon accent?
8. Pourquoi cet Anglais typique porte-t-il un parapluie?
9. Qu'est-ce qu'il tient dans sa main droite?
10. Pourquoi a-t-il plusieurs chiens autour de lui?

C. Et vous?

Est-ce que les phrases suivantes représentent votre opinion? Corrigez le sens de la phrase si vous n'êtes pas d'accord avec l'opinion exprimée.

1. Les habitants des grandes villes sont plus froids et distants que les habitants des petites villes.
2. Les Européens sont jaloux de la prospérité des Américains.
3. Les Français sont les gens les plus individualistes du monde.
4. L'Europe ne peut pas exister sans la protection des États-Unis.
5. Les vins français sont meilleurs que les vins américains.
6. Les Américains essaient d'impressionner leurs voisins par le nombre et la beauté des voitures qu'ils possèdent.
7. Il n'y a pas beaucoup de différence entre un Américain de Boston et un Américain du Texas.
8. Pour les Américains, le football est presque une religion.
9. Les Français ne sont pas très patients avec les gens qui ne parlent pas leur langue.
10. Toutes les généralisations sont fausses.

D. Les Américains vus par les autres

Et les Américains comment sont-ils stéréotypés? Complétez les phrases suivantes pour qu'elles s'appliquent aux Américains vus par les Européens. Choisissez une ou plusieurs des options suggérées ou donnez votre propre réponse.

1. Ils boivent trop de . . .
   bière, vin, Coca-Cola, lait, eau, whisky, cognac, jus de fruit, **?**
2. Ils sont obsédés par . . .
   la politique, l'argent, les animaux, le sexe, le confort matériel, la philosophie, la religion, **?**
3. Ce sont des parents . . .
   tyranniques, sans autorité, négligents, généreux, autoritaires, gentils, tolérants, **?**
4. Ils basent leur supériorité internationale sur . . .
   leur littérature, leur système politique, leur économie, leur philosophie sociale, leurs forces militaires, le système capitaliste, **?**
5. Ils mangent seulement . . .
   de la grande cuisine, du ketchup, des hamburgers, des fruits, des hot-dogs, des biftecks, du poisson, des sandwichs, des desserts, **?**
6. Ils adorent . . .
   les parades militaires, les matches de football, les courses cyclistes, les animaux, les campagnes électorales, les sports d'hiver, **?**

7. Ils ont toujours de bonnes excuses pour . . .
les erreurs de leurs politiciens, les inégalités raciales, leurs interventions militaires, la médiocrité de leur éducation, **?**
8. Ils pensent que tous les étrangers . . .
sont communistes, sont très cultivés, devraient parler anglais, sont jaloux de leur prospérité, **?**

E. Portraits

Utilisez la liste qui suit pour faire le portrait d'un(e) Français(e), d'un(e) Américain(e), d'une personne que vous connaissez ou d'une personne imaginaire. Si vous faites le portrait d'une femme, n'oubliez pas de mettre les adjectifs au féminin.

l'apparence physique

être petit, grand, gros, maigre; avoir les cheveux blonds (bruns, roux); avoir les yeux noirs (bleus, verts) être bien (mal) habillé; avoir l'air content (préoccupé, prétentieux, sympathique, timide, gentil, désagréable); fumer un cigare (une cigarette, la pipe), etc.

la personnalité

être individualiste, conformiste, original, opportuniste, généreux, avare, économe, travailleur, agressif, timide, arrogant, réservé, honnête, malhonnête, impulsif, apathique, indifférent, passionné, optimiste, pessimiste, réaliste, idéaliste, cynique, etc.

F. Points de vue

Commentez et discutez un ou plusieurs des sujets suivants.

1. Les stéréotypes et la réalité
2. Les Américains de quarante ans vus par leurs enfants
3. Les jeunes vus par leurs parents
4. Les Français vus par les Américains

CHAPITRE TREIZE

La Grotte de Lascaux

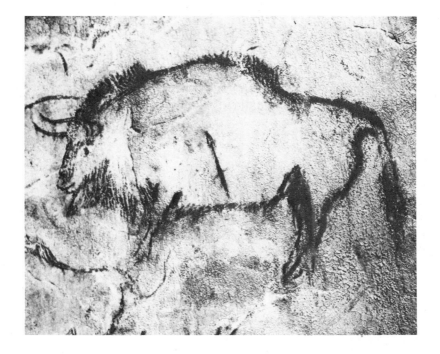

L'histoire de cette grotte commence en septembre 1940. Quatre petits garçons sont en train de jouer. Ils découvrent une grotte. Les murs sont couverts de peintures qui représentent toutes sortes d'animaux: des *taureaux*, des chevaux, des *cerfs*, des bisons. Ces animaux ont été peints il y a 15 000 ans, mais ils semblent dater d'hier. *bulls* / *stags*

Pendant plus de vingt ans les experts, les amateurs d'art et les touristes sont venus admirer et étudier ces peintures. Mais les visiteurs ont été si nombreux qu'il a été nécessaire de fermer la grotte. Pourquoi? Sous l'effet de la *lumière*, du gaz carbonique et de l'humidité, de minuscules *algues* vertes se forment sur les peintures et elles risquent de les détruire. *light/algae*

En 1963 une commission a été formée pour essayer de sauver les peintures de Lascaux. Maintenant le diagnostic est définitif: la grotte ne peut pas être ouverte au public. Seulement quelques experts et quelques hommes d'État sont admis dans le sanctuaire.

Et les autres? Eh bien, pour les autres il y aura un facsimilé. Plusieurs instituts nationaux ont travaillé avec des compagnies commerciales pour recréer une copie exacte de la grotte. Les meilleurs experts, artistes et techniciens ont été mobilisés pour refaire ce que des hommes préhistoriques ont accompli avec des moyens primitifs, il y a des dizaines de *milliers* d'années.

thousands

Située dans le Périgord, la vallée de la Vézère est pleine de trésors préhistoriques. Dans cette région on a découvert dix grottes décorées de peintures et presque 200 sites archéologiques qui retracent l'histoire de l'humanité depuis 50 000 ans. C'est aussi tout près de Lascaux qu'un agriculteur a découvert, il y a quinze ans, le *squelette* d'un homme de Néanderthal.

skeleton

Mais ces trésors sont en danger. La *loi* laisse aux propriétaires des terrains la libre exploitation de cet extraordinaire héritage souterrain. Pour protéger ces trésors de la préhistoire contre les entreprises commerciales, on considère la création d'un parc préhistorique de la Vézère et d'un musée de terrain. Comme le dit le père Grassé, président de l'Académie des sciences: «La Vézère est un temple; il faut chasser les marchands de ce temple.»

law

Extrait et adapté d'un article de *l'Express*

Notes Culturelles

Les grottes de Lascaux et la vallée de la Vézère ne sont pas les seuls sites préhistoriques en France. Carnac, en Bretagne, possède de magnifiques alignements de mégalithes (*huge boulders*) qui ont été placés là il y a entre 4 000 et 7 000 ans. Leur poids (*weight*) peut aller jusqu'à 350 tonnes. En plus des alignements de Carnac, toute la région est riche en menhirs, qui étaient généralement placés près d'une tombe, et en dolmens.

This reading contains two words, **terrain** and **souterrain,** that are part of a large family of words related to **terre.** Because **terre** means "ground," "earth," "soil," or "land," you can be certain that the related words have something to do with these basic meanings. Knowledge of prefixes and suffixes can also be helpful in identifying the meanings of new words.

1. For example, because you know that **sous** means "under," you were able to guess that **souterrain** means "underground." What do these words mean?
   a. un sous-marin   b. le sous-emploi   c. sous-estimer
   d. le sous-titre
2. Knowing that the prefix **en** generally means "in," the prefix **de** means "out of" or "from," and the prefix **a** means "at" or "to," can you tell the meaning of the following words?
   a. enterrer   b. déterrer   c. atterrir
3. The suffix **age** indicates the action of doing something. Knowing that **atterrir** means "to land" helps you guess that **atterrissage** means "landing." What do these words mean?
   a. mariage   b. lavage   c. partage   d. apprentissage
4. Knowing that **terrain** means "ground" would help you determine that **un terrain à bâtir** is a building site or that **être sur son terrain** means "to be on familiar ground." Determine the meaning of these expressions.
   a. gagner du terrain   b. un véhicule tout terrain   c. un terrain de golf   d. étudier le terrain

Activités

A. Compréhension du texte

1. Qui a découvert la grotte de Lascaux et en quelle année?
2. Qu'est-ce qu'il y a sur les murs de cette grotte?
3. Quand et par qui ces animaux ont-ils été peints?
4. Qui s'intéresse beaucoup à cette grotte et pourquoi?
5. Pourquoi a-t-on été obligé de fermer la grotte?
6. Maintenant que la grotte est fermée, comment le public pourra-t-il admirer ces trésors de la préhistoire?

7. Est-ce qu'il y a beaucoup d'autres sites préhistoriques dans la vallée de la Vézère?
8. Pourquoi les trésors de la préhistoire sont-ils en danger?
9. Quelle solution le gouvernement propose-t-il pour protéger les trésors préhistoriques de la Vézère?
10. Savez-vous qui a dit le premier: «Il faut chasser les marchands du temple»?

B. Et vous?

Des sites comme la grotte de Lascaux constituent un aspect important de l'héritage de chaque pays. Quels sont, à votre avis, les aspects de notre héritage national qu'il est important de protéger pour les générations futures? Utilisez les nombres de 1 à 4 pour indiquer vos sentiments en ce qui concerne chaque problème.

C'est un aspect de notre héritage national qui . . .
1—est sans aucune valeur
2—est de valeur limitée
3—est de valeur considérable
4—doit être protégé à tout prix

_____ 1. une maison où est né un des présidents des États-Unis
_____ 2. les vestiges des différentes civilisations indiennes
_____ 3. les espèces animales qui sont menacées d'extinction
_____ 4. les langues et coutumes des différents groupes ethniques qui forment la population des États-Unis
_____ 5. les séquoias des forêts de Californie
_____ 6. les maisons qui ont été construites à l'époque des pionniers
_____ 7. le plus vieux bâtiment de chaque université ou de chaque ville
_____ 8. les squelettes d'hommes et d'animaux préhistoriques
_____ 9. les plantes et les fleurs des différentes régions
_____ 10. la beauté naturelle des rivières, des lacs et des montagnes
_____ 11. les documents historiques et la correspondance des hommes politiques
_____ 12. les ressources naturelles du pays (par exemple: gaz, pétrole, minéraux)

C. Problèmes et solutions

Choisissez les deux ou trois problèmes de l'activité B qui vous semblent les plus importants. Quelle solution proposez-vous pour préserver ces aspects de votre héritage national?

D. La protection de l'environnement

L'écologie et la protection de l'environnement sont des problèmes qui concernent tout le monde. Mais que pouvons-nous faire? À votre avis, est-ce que ça vaut la peine (*is it worth the trouble*) de faire les sacrifices suivants?

Est-ce que ça vaut la peine . . .

d'échanger votre grosse voiture contre une petite voiture?
de construire des routes spéciales pour les bicyclettes?
d'aller à l'école ou au travail à pied ou à bicyclette?
de ne pas utiliser votre machine à laver?
de vous laver à l'eau froide?
de protéger les forêts contre une exploitation trop intense?
de créer des centres de planning familial?
de protéger les espèces animales qui sont menacées d'extinction?
de ne pas utiliser d'insecticides?
de ne pas utiliser des ustensiles en plastique ou en papier?
de fermer toutes les centrales nucléaires?
de chercher à tout prix de nouvelles sources d'énergie?

ASSOCIATION FRANÇAISE DU FONDS MONDIAL POUR LA NATURE

E. Points de vue

La pétition suivante a été préparée par un groupe de personnes qui s'opposent à un nouveau projet du Directeur des Parcs et Jardins. Analysez la situation et donnez vos opinions en répondant aux questions.

Vocabulaire

accueillant *welcoming;* **aménagement développement;** **béton** *concrete;* **circulation** *traffic;* **deniers** *funds;* **futaies** *woods;* **gaspillage** *waste;* **goudron** *tar;* **milliards** *billion;* **prévoit** *foresees;* **réagir** *react;* **repos** *rest;* **roues** *wheels;* **sauvage** *wild;* **sentier** *path;* **veuillez** *s'il vous plaît*

VEUILLEZ NE PAS JETER CE PAPIER A TERRE

PARC DE SCEAUX : S.O.S.

PROMENEURS ET USAGERS :

LE PARC QUE VOUS AIMEZ EST EN DANGER !

sous prétexte de reconstitution pseudo historique, un projet d'aménagement du Directeur des Parcs et Jardins, prévoit dans le Parc de Sceaux :
— la suppression des dernières parties sauvages à végétation libre ;
— une route circulaire de 5 à 7 m., à l'intérieur de son périmètre, détruisant les bois sauvages et les futaies ;
— le massacre de la futaie de la Porte aux Vaches ;
— la transformation des sentiers forestiers en routes goudronnées ;
— l'introduction de commerces.

SI VOUS NE VOULEZ PAS des agressions urbaines introduites ainsi dans le Parc :
- circulation des 2 roues ;
- bruit ;
- goudron ;
- perspectives ouvertes sur la circulation automobile et le béton environnant ;
- commerces tentateurs pour les enfants.

IL EST ENCORE TEMPS DE REAGIR CONTRE CE GASPILLAGE SCANDALEUX des deniers publics (5 milliards AF) pour une reconstitution pseudo historique.

SI VOUS VOULEZ que le parc conserve son caractère d'espace paisible, isolé de l'extérieur, accueillant aux familles, et que chacun y trouve librement ce qu'il aime : le repos ou l'aventure dans la sérénité et dans le respect de la nature,

SIGNEZ ET FAITES SIGNER CETTE PETITION ET RETOURNEZ-LA .

1. Quel est le projet proposé par le Directeur des Parcs et Jardins?
2. Quelles sont les conséquences possibles de la réalisation de ce projet?
3. Pourquoi est-ce que les auteurs de la pétition sont contre ce projet? Est-ce que vous êtes d'accord avec eux?
4. Est-ce qu'il y a un projet dans votre ville (la préservation d'un monument historique, l'aménagement d'un parc, etc.) qui vous semble nécessaire ou, au contraire, totalement inutile? Si oui, qu'est-ce que c'est? Préparez une pétition pour ou contre ce projet ou un autre projet de votre choix. Si vous voulez, vous pouvez présenter votre pétition à d'autres étudiants et essayer de les persuader de signer.

CHAPITRE QUATORZE

L'Afrique,
c'est mon milieu naturel

Roy Williams est un Noir Américain qui vit depuis plusieurs années au Niger où il est venu comme volontaire du Corps de la Paix. Il a accepté de nous parler de son expérience africaine.

Le reporter: Pourquoi avez-vous décidé de venir vivre en Afrique comme volontaire du Corps de la Paix?

Roy Williams: Pour plusieurs raisons. La plus importante est le désir d'aider concrètement les pays sous-développés. La deuxième, c'est que j'ai toujours désiré connaître l'Afrique, mon continent d'origine.

Le reporter: Que pensez-vous de vos relations avec les Africains?

Roy Williams: Les choses sont très faciles pour moi parce que je suis noir, moi aussi. Les Africains s'intéressent beaucoup aux Afro-Américains et je veux vivre la vie des Africains. Depuis que je suis ici, j'ai appris le *haoussa*, *an African* que je considère comme ma deuxième langue. Je suis ici dans mon milieu *language* naturel.

Le reporter: Y a-t-il une grande différence entre les Africains et les Noirs Américains?

Roy Williams: Il est difficile de répondre. Mais je crois que les différences entre les Africains et les Afro-Américains sont minimes. À mon avis, la différence principale c'est qu'en Afrique tout le monde connaît ses *racines*, *roots* ses origines. Ce n'est pas le cas aux États-Unis.

Le reporter: Avez-vous l'impression d'être *utile* ici? *useful*

Roy Williams: Oui. Non seulement j'aide les gens du village mais j'essaie aussi d'expliquer leurs problèmes aux représentants du gouvernement. Au début, j'ai eu un peu de difficulté parce que les gens *se méfient* quand ils *are suspicious* ne vous connaissent pas. Ils *se demandent*: «Qui est-il? Pourquoi est-il là? *wonder* *Pour qui se prend-il?* Que peut-il nous apprendre à nous qui cultivons la *Who does he* terre de père en fils?» L'important c'est de travailler en coopération avec *think he is!* les gens, de ne pas venir ici la tête pleine de théories et de solutions *toutes faites*. Quand les gens sont rassurés, ils vous acceptent facilement. *ready-made*

Le reporter: Quelles sont les difficultés que les volontaires américains rencontrent le plus souvent en Afrique?

Roy Williams: Au début, c'est surtout la langue. Beaucoup de volontaires ne connaissent ni le français ni la langue locale quand ils arrivent ici. Ensuite, il faut connaître les coutumes—ce qu'il faut faire et ne pas faire. Puis il fait s'adapter au climat.

Le reporter: Le contact est-il facile avec les jeunes Africains?

Roy Williams: Ils sont souvent assez réservés. Il faut les chercher, aller à eux—ce qui est normal après tout. Si on s'intéresse aux gens, il faut aller à eux. Maintenant que je parle haoussa, j'ai beaucoup d'amis. Et j'aime le Niger où je compte rester longtemps.

Extrait et adapté d'un article de *Jeune Afrique*

Notes Culturelles

«On porte beaucoup d'intérêt à l'Afrique, et depuis longtemps, depuis le dix-neuvième siècle. Un intérêt bien particulier . . . celui qu'on porte à un gâteau (*cake*) . . . un beau gâteau à partager (*share*).» Cette phrase prononcée par Monsieur Bourguiba, Président de la Tunisie, décrit en même temps l'héritage colonial de l'Afrique (voir la carte du «partage» de l'Afrique en zones d'influence) et sa situation présente.

En effet, non seulement l'Afrique occupe une position stratégique entre les pays de l'Est et de l'Ouest, mais elle possède aussi la plus grande part des réserves mondiales de matières premières (*raw materials*).

Le « Partage » de l'Afrique

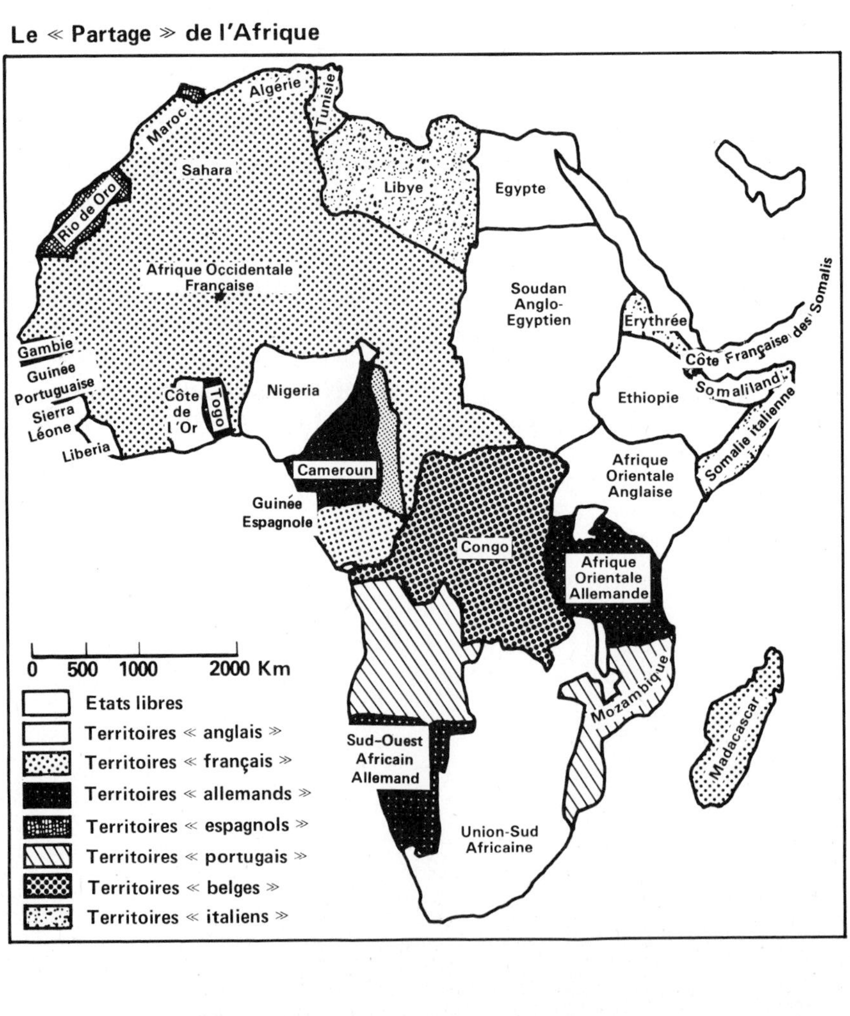

Algérie
Tunisie
Maroc
Sahara
Libye
Egypte
Rio de Oro
Afrique Occidentale Française
Soudan Anglo-Egyptien
Erythrée
Côte Française des Somalis
Gambie
Guinée Portuguaise
Sierra Léone
Liberia
Côte de l'Or
Togo
Nigeria
Somaliland
Ethiopie
Somalie italienne
Cameroun
Afrique Orientale Anglaise
Guinée Espagnole
Congo
Afrique Orientale Allemande
0 500 1000 2000 Km
Mozambique
Madacascar
Sud-Ouest Africain Allemand
Union-Sud Africaine
Etats libres
Territoires « anglais »
Territoires « français »
Territoires « allemands »
Territoires « espagnols »
Territoires « portugais »
Territoires « belges »
Territoires « italiens »

Certain words and phrases cannot be translated directly from French into English. For this reason you should try to grasp the meaning of a French passage or sentence as a whole, rather than breaking it down into individually translated words. For example, in this reading passage, you may have had difficulty if you tried to translate word for word such terms as **se demander, pour qui se prend-il, toutes faites,** and **tout le monde.**

The following sentences contain expressions that cannot be directly translated. Match each word or phrase in italics with its synonym.

1. Au *début*, Roy Williams a eu un peu de difficulté.
2. *D'ordinaire,* les gens se méfient quand ils ne vous connaissent pas.
3. ·Après son arrivée, Roy Williams *s'est mis à* apprendre le haoussa.
4. Il *cherche à* aider les gens du village.
5. Il *tient à* rester longtemps au Niger.

a. a commencé
b. essaie de
c. désire
d. d'habitude
e. commencement

Activités

A. Compréhension du texte

1. Où Roy Williams habite-t-il à présent?
2. Pour quelles raisons Roy Williams a-t-il décidé d'aller vivre en Afrique?
3. Selon Roy Williams, qu'est-ce qui distingue les Africains des Noirs Américains?
4. Au début, quelle a été la réaction des Africains envers Roy Williams?
5. Quelles sont les difficultés principales rencontrées par les volontaires du Corps de la Paix qui vont au Niger?
6. Selon lui, que faut-il faire pour devenir ami avec les Africains?
7. Qu'a-t-il l'intention de faire maintenant?

B. Et vous?

1. Imaginez que vous avez décidé de passer deux ans dans le Corps de la Paix dans un pays de votre choix. Quel pays allez-vous choisir? Quels sont les facteurs qui vont déterminer votre choix? Mettez ces facteurs dans l'ordre d'importance qu'ils ont pour vous.

_____ le climat du pays
_____ la langue parlée dans ce pays
_____ les dangers de maladie
_____ la stabilité politique du pays
_____ les conditions de vie (vie rurale, vie urbaine, conditions économiques, etc.)
_____ le style de vie des habitants
_____ la beauté naturelle du pays
_____ le nombre d'habitants dans la région
_____ ?

2. Et vous, qu'avez-vous à offrir? Inspirez-vous de la liste suivante pour indiquer quelle sera votre ou vos contributions.

> être professeur d'anglais ou de français; apprendre aux gens à lire et à écrire; aider à la construction de routes ou de maisons; travailler dans un hôpital; montrer aux habitants comment utiliser différentes machines; réparer des machines; organiser une coopérative de production agricole; expliquer aux gens comment préparer des repas nutritifs; **?**

C. Racines

1. Voici l'arbre généalogique d'une famille nigérienne que Roy Williams a rencontrée en Afrique. Étudiez l'histoire de cette famille et ensuite déterminez si les phrases données sont vraies ou fausses.

a. André Bouki est le frère de Giselle Kéita.
b. Désirée Côlu est la fille de Joséphine Bouki.
c. Adama Bouki est le petit-fils de Patrice Bouki.
d. Annette Bouki est la sœur de Nadine Bouki.
e. Félix Bouki est l'oncle de Gilberto Bouki.
f. Gaye Côlu n'a pas de frères.
g. Jean Côlu n'a pas de sœurs.

Mon grand-père
Victor Bouki

Ma grand-mère
Joséphine Bouki

Ma tante
Désirée Côlu

Mon
Oncle
Félicien
Côlu

Ma tante
Sophie
Bouki

Mon Oncle
Félix
Bouki

Mon père
Patrice Bouki

Ma mère
Virginie
Bouki

Mes cousins
Marc et Jean
Côlu

Ma
cousine
Craye
Côlu

Mon Beau-
frère
Leonard
N'Gor

Ma Soeur
Anne
N'Gor

Moi
Adama
Bouki

Ma femme
Annette
Bouki

Mon frère
Gilberto
Bouki

Ma belle-
soeur
Nadine
Bouki

Ma
nièce
Danielle
N'Gor

Mon
neveu
Bruno N'Gor

Mon fils
André
Bouki

Ma fille
Giselle
Kéita

Mon beau-
fils Goki
Kéita

Ma nièce
Denise Bouki

L'Afrique, c'est mon milieu naturel

2. Composez un arbre généalogique réel ou imaginaire. Ensuite préparez une liste de questions «vrai ou faux» que vous poserez aux autres étudiants de la classe.
3. Décrivez votre famille. Pour chaque membre de la famille, indiquez les caractéristiques qui vous semblent les plus intéressantes (l'apparence physique, l'âge, la profession, les traits de caractère, etc.).

D. Politesse et coutumes américaines

Quand on habite dans un pays étranger, il est important de connaître les coutumes et les règles de politesse. Imaginez qu'un groupe d'étudiants étrangers vient d'arriver dans votre ville. Répondez à leurs questions concernant la politesse et les coutumes américaines.

1. Est-ce que les étudiants se lèvent quand le professeur entre dans la classe?
2. Quand on est invité à dîner chez quelqu'un, est-ce qu'il faut arriver à l'heure exacte?
3. Est-ce qu'une jeune fille peut demander à un garçon de sortir avec elle?
4. Si on est invité à passer le week-end chez des gens, est-ce qu'il faut leur apporter quelque chose?
5. Est-ce qu'il faut garder les deux mains sur la table quand on mange?
6. Quand un garçon et une fille sortent ensemble, qui paie?
7. Comment faut-il s'habiller pour aller en classe?

E. Les amis et l'amitié

1. Roy Williams est devenu ami avec les jeunes africains du village où il travaille. Et vous, qui sont vos amis et quelle place occupent-ils dans votre vie? Écrivez un ou deux paragraphes à ce sujet en vous inspirant des questions suivantes.

Qui est votre meilleur(e) ami(e)? Où, quand et comment avez-vous fait sa connaissance? Préférez-vous avoir un(e) bon(ne) ami(e) ou beaucoup d'amis? Est-ce que vous avez des amis qui sont plus jeunes ou plus âgés que vous? Est-ce que cela pose des problèmes? À votre avis, est-ce que parents et enfants peuvent être amis? Qu'est-ce que vous aimez faire avec vos amis? De quoi parlez-vous quand vous êtes ensemble?

2. Selon Roy Williams, pour avoir des amis, «il faut les chercher, aller à eux». Imaginez que vous venez d'arriver dans une ville ou un pays où vous ne connaissez personne. Qu'allez-vous faire pour rencontrer des gens et pour devenir amis avec eux?

CHAPITRE QUINZE

Papillon

L'autobiographie du *bagnard* Henri Charrière, appelé Papillon à cause de son tatouage, continue à fasciner l'opinion publique. L'extraordinaire succès de son livre, publié en 1969, a révélé le sombre drame des bagnards condamnés aux travaux forcés dans la colonie pénitentiaire de Guyane française.

convict

(Voir la carte, pages 40-41) L'histoire de cette sinistre colonie pénitentiaire a scandalisé l'opinion publique non seulement en France mais dans le monde entier. C'est en partie grâce aux récits des expériences de Charrière pendant ses 13 ans de prison que le gouvernement français, pour des raisons humanitaires, a décidé de liquider cet enfer sur terre où sont morts 70 000 bagnards.

Le 26 octobre 1931 on condamne Papillon à la prison à vie pour un crime qu'il n'a pas commis. Il a seulement vingt-cinq ans. Derrière les barreaux de sa petite cellule il voit une exécution à la guillotine une fois par semaine. Il n'y a même pas de cimetière pour les bagnards. Quand un prisonnier meurt, on jette son corps à la mer où les *requins* attendent patiemment.   *sharks*

Pendant toute sa captivité Papillon n'a qu'un mot dans la tête: *liberté*. Il essaie de *s'évader* huit fois sans succès. Après une de ses tentatives, on   *escape* l'enferme dans une cage spécialement construite pour les animaux féroces. Là, on n'a pas le droit de parler à la sentinelle; on n'a même pas le droit de crier *au secours* si on est en train de mourir.   *help!*

Jour après jour c'est l'interminable promenade: un, deux, trois, quatre, cinq . . . un, deux, trois, quatre, cinq—c'est le maximum de *pas* possibles   *steps* dans sa cellule. En tout, Papillon a passé quarante-deux mois sans parler pour ses tentatives d'évasion répétées.

Après l'isolement dans cette abominable cage, Papillon est envoyé à l'Ile du Diable qui fait partie de la colonie pénitentiaire de Guyane. Là, il n'a qu'une idée fixe: *essayer encore une fois.* Pour s'évader il construit une sorte de bateau avec des *noix de coco* et deux sacs. Il passe soixante heures   *coconuts* sous un soleil torride avant d'arriver au Vénézuela où il est adopté par une tribu d'Indiens primitifs. Papillon vit six mois avec ces Indiens avant de repartir pour Caracas. Arrivé dans la capitale vénézuélienne, il décide d'écrire ses mémoires. Le succès de son livre lui permet alors de vivre dans un luxe bien mérité jusqu'à sa mort.

Notes Culturelles

En France, les crimes graves sont jugés par la cour d'assises. Comme l'illustration l'indique, la cour d'assises comprend: (1) le président ou le juge qui interroge l'accusé, (2) les assesseurs qui aident le président dans ses fonctions, (3) le jury qui délibère et rend son jugement, (4) le greffier qui prend des notes, (5) l'avocat de la partie civile qui représente la ou les victimes, (6) l'accusé, (7) les avocats de la défense qui représentent l'accusé, (8) l'avocat général qui est membre du Ministère de la Justice et représente l'état, (9) les pièces à conviction, (10) les témoins qui ont vu le crime en question et donnent leur déposition, (11) le public.

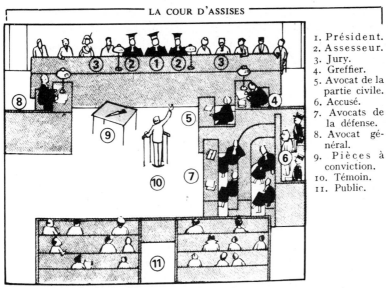

LA COUR D'ASSISES

1. Président.
2. Assesseur.
3. Jury.
4. Greffier.
5. Avocat de la partie civile.
6. Accusé.
7. Avocats de la défense.
8. Avocat général.
9. Pièces à conviction.
10. Témoin.
11. Public.

Extrait de Guy MICHAUD, Georges TORRES: «Nouveau Guide France», avec la collaboration de Georges H. ACQUARD. Hachette, Editeur.

Aide-Lecture

One of the most important reading skills is judgment—deciding what is important and what is less important. While a title can be useful in focusing attention, there are many other significant clues that occur throughout a passage. For example, the first and last sentences in a paragraph often contain important ideas, and words or their synonyms that are repeated several times usually indicate important ideas.

To practice choosing between important and less important ideas, pick the five sentences that you think are the most representative of the reading about Papillon.

Activités

A. Compréhension du texte

1. Qui est Henri Charrière?
2. Pourquoi l'appelle-t-on Papillon?
3. Pourquoi son livre a-t-il choqué l'opinion publique?

4. Quel a été le résultat de la publication de son livre?
5. Où est située cette ancienne colonie pénitentiaire?
6. Quel âge Papillon a-t-il quand il est condamné à la prison à vie?
7. Qu'est-ce qu'il peut voir de sa cellule?
8. Qu'est-ce qui arrive quand un prisonnier meurt?
9. À quoi Papillon pense-t-il pendant sa captivité?
10. Combien de fois essaie-t-il de s'évader?
11. Quelle est sa punition pour ses tentatives d'évasion?
12. Comment réussit-il à s'évader?
13. Après son évasion, où vit-il pendant six mois?
14. Comment Papillon passe-t-il le reste de sa vie?

B. Et vous?

1. Imaginez que vous êtes condamné(e) à cinq ans de prison pour un crime que vous n'avez pas commis. Comment allez-vous occuper votre temps? Dans la liste suivante, choisissez les projets qui vous intéressent et mettez-les dans l'ordre de vos préférences. Si vous avez d'autres suggestions, n'hésitez pas à les substituer à cette liste.

PROJETS	ORDRE DE PRÉFÉRENCE
reconstruire mentalement tous les événements importants de votre vie	_____
apprendre une autre langue	_____
écrire vos mémoires ou un roman	_____
faire le plan de votre maison idéale	_____

lire le plus grand nombre de livres possible _____

apprendre la Bible mot à mot _____

préparer des plans de vengeance contre vos
ennemis _____

écrire aux juges et aux avocats pour les
persuader de votre innocence _____

apprendre une autre profession ou un autre
métier _____

étudier les philosophies orientales _____

collectionner les timbres, les pièces de monnaie,
les insectes, etc. _____

apprendre à jouer d'un instrument de musique _____

essayer de vous évader _____

? _____

2. Quel bonheur! Après trois ans de réclusion on va vous donner trois camarades
de cellule à cause de votre bonne conduite. Le directeur de la prison est très
libéral et veut vous donner des compagnons compatibles avec votre personnalité et vos intérêts. Pour l'aider à choisir vos trois compagnons de cellule, il
vous demande d'indiquer vos préférences. Pour chaque compagnon indiquez
(a) les qualités personnelles que vous cherchez, (b) les talents et ressources
que vous jugez désirables et (c) les distractions, activités et projets de votre
petit groupe.

C. Une cellule confortable?

1. Étudiez la cellule ci-dessous; regardez-la bien pendant trente secondes. Puis
faites une description aussi complète et détaillée que possible de cette cellule.
2. Cette cellule est bien triste. Comment allez-vous la décorer pour la rendre plus
agréable et plus confortable?

D. Opinions

Il nous arrive souvent de vouloir complimenter ou critiquer certaines personnes ou institutions. Utilisez la liste et les suggestions données et écrivez au moins une phrase exprimant votre opinion sur chacun des groupes suivants.

> **Exemple: La plupart des hommes politiques ne sont pas très scrupuleux.**

Opinion favorable

scrupuleux(-euse), sympathique, intelligent(e), impressionnant(e), fort(e), tolérant(e), consciencieux (-euse), qualifié(e), honnête, compétent(e), parfait(e), courageux(-euse), sincère, **?**

Opinion négative

désagréable, sévère, fou(folle), brutal(e), injuste, violent(e), malhonnête, faible, stupide, bête, autoritaire, naïf(naïve), imprudent(e), scandaleux(-euse), **?**

1. la police
2. les étudiants
3. les médecins
4. le Président
5. les jeunes
6. les journalistes
7. les parents
8. les juges
9. les hommes politiques
10. les compagnies multinationales
11. **?**

E. Symboles

Est-ce que les objets suivants évoquent pour vous une image de liberté et d'évasion ou une image de servitude et d'oppression? Essayez d'expliquer pourquoi.

1. un paquet de cigarettes
2. un passeport
3. le mariage
4. un papillon

5. un aéroport
6. un poste de télévision
7. une cravate
8. un appartement
9. une bouteille de bière
10. une montre
11. une voiture de sport
12. une carte de crédit

F. Points de vue

1. Imaginez que vous êtes en prison. Écrivez une lettre à un(e) de vos ami(e)s pour lui décrire votre vie en prison.
2. Vous êtes toujours en prison mais cette fois-ci vous écrivez au juge pour essayer de le persuader de votre innocence.

CHAPITRE SEIZE

La Chanson québécoise

La *chanson* québécoise est relativement jeune. Les chansons comme «Alouette» existent depuis longtemps, bien sûr, et elles *font partie* de l'héritage canadien-français. Mais c'est le *réveil* politique des années soixante qui a donné *naissance* à la chanson québécoise moderne. Le besoin d'affirmer et d'explorer l'identité québécoise *s'exprime* non seulement sur le terrain politique, mais aussi dans la littérature, dans la poésie et dans la chanson. Les gens, eux aussi, ont besoin d'entendre des messages qui reflètent la réalité de leur vie et l'évolution politique et sociale du Québec.

song, music
are part
awakening
birth
expresses itself

C'est ainsi que la chanson est devenue un des aspects les plus importants et les plus dynamiques de la culture québécoise.

Gilles Vigneault est un de ces chanteurs-compositeurs-poètes qui chantent la réalité et les *rêves* des Québécois. Dans la chanson intitulée «Mon pays», il parle précisément du Québec et de ce que son pays représente pour lui—c'est-à-dire, un pays immense et froid:

> Mon pays ce n'est pas un pays
> C'est l'hiver.
> Mon jardin, ce n'est pas un jardin
> C'est la plaine.

dreams

Un pays qui, à cause de l'austérité de son climat et à cause de son isolement, force les gens à *prendre conscience* de la valeur de l'hospitalité et de la solidarité humaine:

become aware

> De mon grand pays solitaire
> Je crie *avant que de me taire*
> À tous les hommes de la Terre
> Ma maison, c'est votre maison
> . . .
> Car les humains sont de ma race.

while I am still alive (figurative)

Un pays qui a sa *propre* langue et sa propre culture mais qui n'est pas un vrai pays *puisqu*'il n'est pas indépendant:

own
since

> Mon pays ce n'est pas un pays
> C'est l'*envers*
> D'un pays . . .

opposite

Paroles extraites de «Mon pays», Gilles Vigneault, AVEC LES VIEUX MOTS, Nouvelles Editions de l'Arc, Montréal, Québec.

Notes Culturelles

C'est pendant les années soixante que les Canadiens-français ont commencé à mettre en question la dominance anglophone et leur isolement du reste du Canada. Ainsi, les Français du Canada sont d'abord devenus Canadiens-français, puis Québécois. «Vive le Québec libre» est devenu le cri de ralliement des Québécois et «Je me souviens» leur devise (*motto*) officielle. Une chanson de Gilles Vigneault, «Gens du pays», est devenue l'hymne national du Québec.

Mais en quoi les Québécois sont-ils différents des autres Canadiens et pourquoi demandent-ils leur indépendance? D'abord, parce que leurs traditions, leur style de vie et leur système de valeurs viennent de leur héritage français, mais ils vivent dans un pays à dominance anglophone. Ensuite, les Québécois sont traditionnellement catholiques dans un pays généralement protestant. Sur le plan économique, les Québécois se sentent désavantagés aussi. Depuis longtemps, la plupart des compagnies sont contrôlées par des anglophones qui donnent la priorité aux gens qui parlent anglais.

C'est peut-être dans le domaine linguistique que les Québécois se sentent les plus isolés. Comme a dit Pierre Trudeau, l'ancien premier ministre: «Le Québécois veut être partout chez lui au Canada, et seul un Canada bilingue lui permettra de se sentir à l'aise de Vancouver à Saint-Jean . . .»

When you encounter prepositions while reading, avoid immediately attaching meaning to them, such as equating **de** with "of." Instead, look first at the rest of the sentence to see how the preposition fits into the larger context. Ask yourself which English word would probably be used in this particular situation and then try it. Does it make sense in light of the words around it?

Practice this strategy with the italicized prepositions in the following sentences and notice the variations in meaning.

1. Beaucoup de chanteurs canadiens-français se sont associés *au* mouvement de la libération du Québec.
2. Gilles Vigneault réussit *à* décrire, *d'*une façon touchante, ce que le Québec représente pour lui.
3. Il s'intéresse *à* la vie et *aux* rêves des Québécois.
4. Est-ce vrai que trois Québécois *sur* quatre écoutent Radio-Canada?
5. Quand j'ai le temps je m'amuse *à* écrire des chansons.

A. Compréhension du texte

1. Est-ce que la chanson intitulée «Alouette» est une chanson moderne ou une chanson ancienne?
2. Qu'est-ce qui est à l'origine de la chanson québécoise moderne?
3. Dans quels domaines la nouvelle identité québécoise s'exprime-t-elle?

EN BONS QUÉBÉCOIS TOUS CES ARTISTES FÊTENT LA SAINT-JEAN.

4. Pourquoi le public québécois aime-t-il ce type de chanson?
5. Qui est Gilles Vigneault?
6. Qu'est-ce que le Québec représente pour lui?
7. Pourquoi l'hospitalité et la coopération entre les gens sont-elles importantes pour Gilles Vigneault?
8. Pourquoi le poète désire-t-il ouvrir sa porte aux autres?
9. Pourquoi dit-il que son pays est «l'envers d'un pays»?

B. Et vous?

1. Avez-vous jamais entendu des chansons de Gilles Vigneault ou d'autres chanteurs ou chanteuses canadiens?
2. Quels sont les chanteurs et chanteuses français que vous connaissez?
3. Avez-vous jamais écrit une chanson vous-même ou avez-vous envie d'en écrire une? Si oui, sur quel sujet?
4. Quels sont vos chanteurs et chanteuses américains préférés?
5. Quel est le groupe musical que vous préférez et pourquoi?
6. Aimez-vous aller au concert? Si oui, quelles sortes de concerts? Quand et avec qui?
7. Quel est votre disque ou chanson préféré en ce moment et pourquoi?

8. Quelle sorte de musique préférez-vous en général? La musique rock? La musique disco? La musique classique? La musique folklorique?
9. Quelle sorte de musique est-ce que vous aimez le moins?
10. Aimez-vous les chansons qui ont un message comme la chanson de Gilles Vigneault ou préférez-vous des chansons plus frivoles?

C. Musiciens et instruments

1. De quels instruments jouent les personnes suivantes?

Vocabulaire

la batterie (*drum*), la clarinette, les cymbales, la flûte, la guitare (électrique), la harpe, l'orgue électrique, le piano, le saxophone, le synthétiseur, la trompette, le violoncelle (*cello*), le violon

Exemple: Ray Charles joue du piano.

a. Van Cliburn
b. Elton John
c. Andrés Segovia
d. Ray Charles
e. Doc Severinsen
f. Roy Clark
g. Jethro Tull
h. Joan Baez
i. Chuck Mangione
    ?

2. Et vous? De quel(s) instrument(s) jouez-vous?

D. Un nouveau groupe musical est né!

Imaginez que vous allez créer un groupe musical. Quel sera le nom de votre groupe et pourquoi? Quelle sorte de musique jouerez-vous? De quels instruments jouerez-vous? Combien de personnes y aura-t-il dans votre groupe? À quelle sorte de public allez-vous vous adresser? Où est-ce que vous jouerez? Est-ce que vous allez faire des tournées au Canada ou dans d'autres pays du monde? Si oui, quels pays et pourquoi? Quelle sorte de publicité ferez-vous pour forcer l'attention du public?

Un orchestre pas comme les autres

Il y a dans le dessin un assez grand nombre de détails bizarres. Identifiez au moins huit de ces erreurs.

F.   Points de vue

1. Qu'est-ce que votre pays représente pour vous? Quelles images évoque-t-il? Prenez la chanson de Gilles Vigneault comme modèle et essayez d'écrire un poème ou une chanson qui exprime vos sentiments.
2. Imaginez que vous avez l'occasion de passer une journée avec votre chanteur ou chanteuse favori(e). Qu'allez-vous faire? Quelles questions allez-vous lui poser?
3. Les Américains sont-ils hospitaliers? Invitent-ils facilement les gens chez eux? Que font-ils pour mettre leurs invités à l'aise? Quelle est leur attitude envers les étrangers?

Troisième Partie

CHAPITRE DIX-SEPT

Un Homme qui a tout fait, ou presque tout, dans la vie

Le Congo

La Grande Muraille de Chine

Comme tous les adolescents, l'Américain John Goddard aimait *rêver*. Il *to dream*
s'imaginait être le héros de toutes sortes d'aventures merveilleuses. Mais
un dimanche *pluvieux* de 1940, Goddard a décidé de transformer ses rêves *quand il pleuvait*
en réalité et il a fait une liste des 127 résolutions qu'il espérait réaliser
pendant sa vie. «Quand j'avais quinze ans», dit-il, «tous les adultes *se plai-*
gnaient de leur vie, disant qu'ils ne pourraient jamais faire ceci ou cela *complain*
parce que le moment était déjà passé. Alors, je me suis dit que si je faisais
une liste de mes projets, je pourrais avoir une vie plus amusante et plus
riche et que j'apprendrais en même temps bien des choses.»

La plupart des listes de ce genre sont rapidement oubliées, mais pour
Goddard cela n'a pas été le cas. Il a maintenant réalisé 103 des projets qu'il
s'était proposés. Voici quelques-unes des missions que Goddard a déjà ac-
complies:

1. Il a exploré le Nil, l'Amazone, le Congo, le Colorado et d'autres fleuves
   du monde.
2. Il a étudié les civilisations primitives du Congo, du Brésil, des Philip-

pines, de l'Alaska, de l'Australie et de Bornéo, *parmi* d'autres.   *among*

3. Il a fait l'ascension du Mont Ararat en Turquie, du Vésuve en Italie, du Kilimanjaro en Tanzanie et du Mont Rainier aux États-Unis.
4. Il a photographié les *chutes* du Niagara. Il a vu celles du Brésil, de Rhodésie et de Nouvelle Zélande.   *falls*
5. Il a enseigné à l'université.
6. Il est devenu expert dans les domaines suivants: motocyclette, canoë, revolver et boumerang.
7. Il a construit un télescope.
8. Il a lu toute la Bible, toute une encyclopédie, les *œuvres* de Shakespeare, de Platon, d'Hemingway, parmi d'autres.   *works*
9. Il a appris le français, l'espagnol et l'arabe.
10. Il a couru un mile en moins de cinq minutes.
11. Il a écrit un livre.
12. Il a voyagé à bord d'un *sous-marin*.   *submarine*
13. Il sait jouer de la flûte et du piano.

Les Pyramides d'Egypte

14. Il tape plus de cinquante mots par minute à la machine à écrire.
15. Il a vu la Tour Eiffel, la Tour de Londres, la Tour de Pise et les pyramides d'Égypte et du Mexique.
16. Il a appris à piloter un avion.
17. Il a étudié la médecine.

Voici quelques projets qu'il voudrait réaliser avant de mourir:

1. Apprendre à jouer du violon
2. Étudier la culture des Indiens Navajo et Hopi
3. Voir le Grand Mur de Chine
4. Visiter tous les pays du monde (Il lui reste moins de trente pays à visiter.)
5. Voyager dans un dirigeable, un ballon et *un planeur*   *un avion sans moteur*
6. Devenir astronaute et marcher sur la lune
7. Vivre jusqu'au XXIe siècle

Extrait et adapté d'un article de *Manchete* (revue brésilienne)

Un Homme qui a tout fait, ou presque tout, dans la vie

Notes Culturelles

Il y a toujours eu des gens qui, poussés par le désir de savoir, ont consacré leur vie à l'exploration de nouveaux domaines. Voici quelques-uns de ces grands pionniers français: Marie Curie qui a découvert le radium; Louis Pasteur qui a inventé la microbiologie et qui a découvert le vaccin contre la rage (*rabies*); Denis Papin qui a inventé la machine à vapeur (*steam-engine*); Antoine Lavoisier qui a établi la nomenclature chimique (*chemical*) et a découvert la composition de l'air et le rôle de l'oxygène dans la combustion; Niepce et Daguerre qui ont inventé la photographie.

Il y a eu aussi des explorateurs comme Jacques Cartier, qui a exploré le Canada; Pierre Savorgnan de Brazza, qui a exploré le Congo et a banni l'esclavage (*slavery*) dans les territoires français; J. B. Charcot, qui a exploré l'Antarctique. Et à l'époque moderne, il y a Jacques Cousteau, bien connu pour ses nombreuses expéditions sous-marines.

Niepce et Daguerre

Jacques Cousteau

Jacques Cartier

Aide-Lecture

A student who is learning to speak, write, and read French sometimes does not notice the differences between the skills. For example, using correct verb endings is very important in speaking and writing. When reading, however, the important task is to identify the base form (infinitive) of the verb so that meaning may be attached to it. The tense of the verb can be determined from the context or recognition of verb endings.

Practice identifying tenses by choosing the appropriate verb to complete each sentence according to the context.

1. Quand il était adolescent, John Goddard _____ d'être le héros d'aventures extraordinaires.
   a. a rêvé   b. rêvait   c. rêvera
2. Un jour, il _____ de faire la liste des projets qu'il voulait accomplir.
   a. décide   b. a décidé   c. décidez
3. Pendant un voyage aux États-Unis il y a quelques années, il _____ les chutes du Niagara.
   a. a visité   b. visiterait   c. visite
4. Il sait déjà jouer de la flûte et il _____ certainement à jouer du violon dans quelques années.
   a. apprend   b. a appris   c. apprendra
5. S'il avait le temps, il _____ aussi apprendre à piloter un dirigeable.
   a. peut   b. pourra   c. pourrait

A. Compréhension du texte

Parmi les métiers suivants, quels sont ceux que John Goddard a pratiqués à un moment ou à un autre de sa vie?

Exemple: Il a été pilote mais il n'a jamais été chauffeur de taxi.

1. publiciste
2. professeur
3. aventurier
4. dentiste
5. pianiste
6. astronaute
7. journaliste
8. explorateur
9. mathématicien
10. pilote
11. auteur
12. agent de voyages
13. violiniste
14. anthropologiste
15. chauffeur de taxi
16. poète

B. Et vous?

1. a. Faites une liste de dix choses que vous aimeriez faire dans la vie.
   b. Vous avez déjà préparé une liste des projets que vous aimeriez réaliser. Maintenant choisissez un partenaire et faites une liste des cinq projets que vous pensez que votre partenaire aimerait réaliser. Comparez cette liste avec la liste qu'il ou elle a déjà

préparée de ses propres projets et vice versa. Discutez les différences. Est-ce que vous connaissez bien votre partenaire?

   c. Prenez votre liste, mettez-vous en groupes de trois ou quatre et essayez de trouver cinq à dix choses que vous aimeriez tous réaliser.

2. John Goddard a presque tout fait dans la vie, mais ce sont des projets importants surtout pour lui. Utilisez le continuum suivant et indiquez l'importance que chaque projet de Monsieur Goddard a pour vous.

très important   *important*   *peu important*   *pas du tout important*

3. Monsieur Goddard a encore plusieurs projets qu'il aimerait accomplir avant de mourir. Mettez-les dans l'ordre de l'importance qu'ils auraient pour vous. Si vous voulez, vous pouvez comparer et discuter vos choix avec vos camarades de classe.

C. Mots-croisés

Utilisez les définitions qui suivent pour compléter ce mots-croisés.

Horizontalement

  2. Berlin est une des villes principales de ce pays européen.

  7. C'est la capitale de l'Union Soviétique.

  9. Ce pays bilingue est situé au nord des États-Unis.

10. Ce pays du Moyen Orient s'appelait autrefois la Perse.
11. Les Tsars gouvernaient ce pays avant la Révolution de 1917.
12. Ce pays a deux langues officielles—le français et le flamand.
14. C'est l'ancien nom d'un pays africain qui s'appelle maintenant le Zaïre.
17. Lisbonne est la capitale de ce pays.
20. Ce pays est connu pour ses tulipes.
21. Le Danube traverse ce pays montagneux où on parle allemand.
22. C'est le pays que vous connaissez le mieux.
23. C'est la capitale de la Suisse.

Verticalement
1. Les Pyrénées séparent ce pays de la France.
3. C'est un pays situé au sud des États-Unis.
4. Cette ville française est située sur la Côte d'Azur.
5. Depuis la Révolution de 1789 la fête nationale de ce pays est le 14 juillet.
6. Cette région de France exporte un vin qu'on boit pour les occasions spéciales.
7. Rabat est la capitale de ce pays d'Afrique du Nord.
8. Le Canada et l'Australie étaient des dominions de ce pays.
12. C'est la ville principale d'une région de l'ouest de la France où on produit d'excellents vins.
13. Ce pays arabe est traversé par le Nil.
15. La capitale de ce pays était autrefois le centre de l'Empire romain.
16. Ce pays est réputé pour la fabrication des montres.
18. Beirut est la capitale de ce pays arabe où on parle arabe et français.
19. Ce pays oriental a construit un mur long de 3000 kilomètres pour arrêter les invasions ennemies.

D. Quel pays est-ce?

Indiquez le nombre de phrases que vous avez été obligé de lire pour identifier le pays en question.

_____ 1. a. C'est un pays où il y a toujours beaucoup de soleil.
      b. Ce pays possède un volcan célèbre.
      c. Le Lacrima Christi et le Chianti sont des vins de ce pays.
      d. Le pape, qui est à la tête de l'Église Catholique, habite dans la capitale de ce pays.
      e. Les habitants de ce pays mangent beaucoup de spaghetti.

_____ 2. a. Cette nation reçoit des réfugiés qui viennent de tous les pays du monde.

b. Depuis sa création, ce pays a eu beaucoup de difficultés avec ses voisins.

c. C'est un pays qui a été créé en 1948.

d. Une femme qui a passé sa jeunesse aux États-Unis a été chef du gouvernement de ce pays.

e. Jérusalem, ville religieuse importante pour les chrétiens, les juifs et les musulmans, est la capitale de ce pays.

_____ 3. a. Les habitants de ce pays ont la réputation d'être toujours calmes.

b. C'est un pays où il pleut beaucoup.

c. C'est un des rares pays du monde où la royauté existe encore.

d. Un des sports les plus populaires dans ce pays est le cricket.

e. Les États-Unis étaient autrefois une colonie de ce pays.

_____ 4. a. Les habitants de ce pays ont la réputation d'être très individualistes.

b. La capitale de ce pays est souvent appelée «la ville lumière».

c. Ce pays s'appelait autrefois la Gaule.

d. C'est un pays réputé pour sa cuisine.

e. C'est le pays dont vous étudiez la langue.

_____ 5. a. Beaucoup d'Américains ont des ancêtres qui sont venus de ce pays.

b. Dans ce pays on construit une petite voiture qui est très populaire aux États-Unis.

c. Ce pays a été trois fois en guerre avec la France pendant les cent dernières années.

d. Les habitants de ce pays boivent beaucoup de bière.

e. Ce pays a été divisé en deux après la Deuxième Guerre Mondiale.

Réponses
1. l'Italie 2. Israël 3. l'Angleterre 4. la France 5. l'Allemagne

E. Points de vue

1. Regardez la liste des projets de John Goddard. Pourquoi a-t-il voulu réaliser ces projets? A votre avis, est-ce pour des raisons personnelles, humanitaires, intellectuelles, sociales ou économiques?

2. Est-ce que vous aimeriez imiter la vie de Monsieur Goddard? Justifiez votre réponse.

Sept Remèdes à la fatigue du matin

C'est curieux—dès qu'il se lève, Pierre est mort de fatigue et il *se traîne* littéralement jusqu'à onze heures. Sa femme et ses collègues de bureau se moquent de lui. «Ce qu'il te faut, mon cher, c'est une bonne *douche* froide chaque matin!» lui disent-ils.

Est-ce la faute de Pierre s'il n'est pas (mais vraiment pas!) un homme du matin? Y a-t-il une solution à son problème? Commençons par le rassurer. Pierre, comme beaucoup d'autres gens, a de la difficulté à s'endormir le soir: il doit se tourner et se retourner pendant une heure, ou même plus. Le lendemain matin son *réveil-matin* interrompt brutalement son précieux *sommeil*. Mais oublions les causes de cette fatigue matinale et essayons de proposer des solutions à ces pauvres fatigués du matin, mal préparés pour le combat *quotidien*. Voilà sept remèdes à la fatigue du matin.

drags around

shower

alarm clock
sleep

de tous les jours

Réveillez-vous progressivement. Il vaut mieux mettre votre réveil-matin dix minutes plus tôt. Préparez-vous donc à l'idée de vous lever (c'est toute une philosophie) au lieu de sauter du lit. *Wake up*

Prenez un pré-petit déjeuner. Gardez près de votre lit un thermos avec du thé ou du café pas très fort. Buvez-en une petite tasse dès que vous ouvrez l'œil; elle vous aidera à vous lever.

Faites des exercices d'élongation. A la place de la gymnastique du matin, qui vous fatiguera et vous mettra de mauvaise humeur, faites tranquillement quelques mouvements d'élongation. *stretching exercises*

Faites des exercices respiratoires. Ils vous apporteront l'oxygène, qui est le remède le plus naturel. Ce sera encore mieux si vous ouvrez la fenêtre.

Ne prenez pas de bain ou de douche trop chaud ou trop froid. L'eau chaude vous *affaiblit* et l'eau froide, si vous n'y êtes pas habitué, vous fatiguera plus qu'une journée de ski. Les douches ou les bains *tièdes*, au contraire, ne provoquent pas de réaction circulatoire brutale. *rendre moins fort* *ni chaud ni froid*

Prenez un petit déjeuner équilibré. C'est l'élément principal du traitement. Le petit déjeuner doit avoir beaucoup d'hydrates de carbone et de protéines qui vous donneront une réserve d'énergie. Par exemple:

Première formule: Café au lait, *œuf à la coque,* pain beurré *soft-boiled egg*
Deuxième formule: Café, *confiture,* pain, *fromage.* *jam / cheese*
Troisième formule: Deux œufs au bacon, pain grillé et jus de fruits ou chocolat chaud

Faites de la marche à pied. Au lieu de prendre l'autobus ou la voiture, marchez pour aller à votre travail. Pendant que vous marchez, respirez bien et sur un rythme régulier.

Et maintenant—bonne journée!

Extrait et adapté d'un article de *Paris Match*

Notes Culturelles

En France, on prend normalement un petit déjeuner assez léger (*light*): pain beurré ou croissants avec confiture, café au lait, thé ou chocolat. Pourtant, les gens qui travaillent dur—les ouvriers et les paysans—prennent souvent un petit déjeuner plus substantiel, ou bien ils emportent un casse-croûte (*snack*) composé de pain, fromage et saucisson qu'ils mangent vers dix heures du matin.

De nos jours, le petit déjeuner français est en train de devenir plus copieux. Les petits déjeuners qu'on suggère souvent dans les journaux et dans les revues révèlent cette tendance. Le repas de midi a toujours été le grand repas de la journée, mais maintenant beaucoup de gens n'ont plus le temps de rentrer chez eux. C'est en partie pour cette raison qu'ils prennent un petit déjeuner plus copieux et mieux équilibré.

Aide-Lecture

Compound words, such as **réveil-matin** and **pré-petit déjeuner,** which appear in this passage, are usually easy to understand. You can guess the meaning of **réveil-matin** because you know that **réveiller** means "to wake up" and **matin** means "morning." Thus, an object that helps you wake up in the morning is an alarm clock. Likewise, because you know that **pré-** means "before," you can determine that **pré-petit déjeuner** is eaten before breakfast.

Practice identifying the meanings of compound words by completing each sentence with the appropriate word.

porte-monnaie	chasse-neige	risque-tout
wagon-lit	lève-tard	ouvre-boîte

1. Moi, je suis un _____. Je n'aime pas me réveiller avant midi.
2. Si vous prenez le train de nuit, il serait bon de réserver une place dans un _____.
3. C'est un homme qui n'a peur de rien. C'est un _____.
4. Je crois que j'ai perdu mon argent. Je ne sais pas où j'ai mis mon _____.
5. En hiver, il faut souvent nettoyer des rues avec des _____.

Activités

A. Compréhension du texte

1. Qu'est-ce que c'est qu'un fatigué du matin?
2. Qu'est-ce que c'est que le pré-petit déjeuner? Quel est son avantage selon cet article?
3. Pourquoi le petit déjeuner est-il le remède le plus important contre la fatigue du matin?
4. Selon l'article, il vaut mieux remplacer la gymnastique du matin par quelques mouvements d'élongation. Pourquoi?
5. Pourquoi est-il préférable de prendre un bain ou une douche tiède?
6. Qu'est-ce qui est préférable pour un fatigué du matin—aller au travail à pied, en voiture, en autobus ou à bicyclette? Pourquoi?

B. Et vous?

1. Est-ce que vous vous réveillez facilement le matin? Quand avez-vous de la difficulté à vous réveiller?
2. Lequel des remèdes donnés dans cet article préférez-vous? Avez-vous d'autres remèdes à proposer?
3. Que mangez-vous pour le petit déjeuner? Que faites-vous quand vous n'avez pas le temps de prendre un petit déjeuner complet?
4. Beaucoup de gens ne prennent pas le petit déjeuner. Quels arguments pouvez-vous présenter pour les persuader de prendre un petit déjeuner bien équilibré?
5. Selon l'article, il vaut mieux remplacer la gymnastique du matin par quelques mouvements d'élongation. Êtes-vous d'accord? À votre avis, vaut-il mieux faire de la gymnastique le matin ou le soir?
6. Comment allez-vous à l'école—à pied, en voiture, en autobus, ou à bicyclette?

C. Au restaurant

C'est le matin et vous êtes au restaurant avec trois amis. Vous avez faim et vous désirez prendre le petit déjeuner. On vous donne le menu suivant. Le garçon arrive. Imaginez la conversation qui va avoir lieu.

CHAINE MAPOTEL

PONT·ROYAL HOTEL
PARIS

Bonjour

Pour le service dans votre chambre. veuillez utiliser le téléphone. Appelez le 202

Petit déjeuner	17,00

Lait, café, thé, nescafé ou chocolat, beurre, miel ou confiture, petit pain, croissant, biscotte, jus d'orange.

Lait, Café, Thé, Chocolat	7,00
Infusion, Nescafé	7,00
Corn flake	7,00
Porridge	7,00
Œuf coque	2,50
Œufs plat	6,00
Œufs brouillés (3 pièces)	8,00
Œufs brouillés, omelette au jambon ou bacon	12,00
Compote de fruits	8,00
Jambon (2 tranches)	10,00
Fromage	8,00
Yogourt	2,50
Eaux minérales 1/1	6,00
Eaux minérales 1/2	4,00
Jus de fruit ou Coca-cola	4,60
Citron pressé	6,00
Orange pressée	6,00
Pamplemousse pressé	6,00
Fruit	S.G.

Prix net

Good Morning

Please use the telephone for room service.
Dial 202

Breakfast	17,00

Coffee and hot milk or tea or hot chocolate, bread, sweet bun, "rusks", butter, jam, orange juice.

Coffee, Milk, Tea, Hot chocolate	7,00
Infusion, Nescafé	7,00
Porridge	7,00
Corn flake	7,00
One boiled egg	2,50
Two fried eggs	6,00
Omelette (3 eggs)	8,00
Omelette (2 eggs) with ham or bacon	12,00
Stewed fruit	8,00
Ham (2 slices)	10,00
Cheese	8,00
Yogourt	2,50
Mineral water 1/1	6,00
Mineral water 1/2	4,00
Coca-cola	4,60
Lemon or orange juice	6,00
Fruit juice	4,60
Fresh fruit of season	S.G.

Price net

D. Il vaut mieux . . .

À votre avis, que vaut-il mieux faire dans les situations suivantes? Choisissez la réponse ou les réponses qui correspondent à vos préférences personnelles, ou bien proposez une autre solution.

1. Si vous êtes fatigué(e) le matin, il vaut mieux...
   a. passer la nuit à discuter avec vos amis
   b. prendre une douche froide pour vous réveiller
   c. rester au lit et ne pas aller en classe
   d. ?

2. Si vous n'avez pas d'appétit le matin, il vaut mieux...
   a. prendre un petit déjeuner énorme
   b. ne rien manger
   c. faire une petite promenade avant de manger
   d. ?

3. Si vous n'avez pas le temps de faire de la gymnastique, il vaut mieux . . .
   a. aller à l'école à pied ou à bicyclette
   b. regarder un match de football à la télévision
   c. jouer au tennis pendant le week-end
   d. ?

4. Si vous êtes de mauvaise humeur, il vaut mieux...
   a. rester à la maison et ne voir personne
   b. essayer de contrôler vos émotions
   c. profiter de l'occasion pour dire ce que vous pensez vraiment
   d. ?

5. Si vous êtes obligé(e) de vous lever tôt, il vaut mieux...
   a. vous coucher de bonne heure le jour précédent
   b. ne pas mettre votre réveil-matin
   c. annoncer à vos amis que vous serez de mauvaise humeur ce jour-là
   d. ?

E. Problème de conscience

C'est le jour de l'examen. François va-t-il se lever ou rester au lit? D'un côté, il y a son ange gardien qui lui dit ce qu'il doit faire, mais de l'autre il y a le diable qui essaie de le tenter de ne rien faire. Quand l'ange gardien lui dit «Réveille-toi», le diable dit «Ne te réveille pas».

Complétez le reste de l'histoire avec des verbes réfléchis appropriés à la forme impérative.

CONNAITRE ET SE CONNAITRE

Sept Remèdes à la fatigue du matin

F. Points de vue

1. Beaucoup de gens ont de la difficulté à s'endormir le soir. Quelles sont les causes de ce problème? Quels remèdes pouvez-vous proposer? Complétez la première phrase avec quatre ou cinq causes possibles. Ensuite, complétez la deuxième phrase avec quatre ou cinq suggestions.

   a. Si vous ne pouvez pas vous endormir le soir, c'est peut-être parce que...

   b. Si vous avez du mal à vous endormir le soir,...

2. À votre avis, que faudrait-il faire pour rester en bonne santé toute sa vie?

CHAPITRE DIX-NEUF

L'Amour à 20 ans

Première Partie

Une société française de sondage d'opinion *a voulu connaître*   *opinion poll*
l'attitude des jeunes Français envers *l'amour. Voici le question-*   *toward*
naire qu'on leur a présenté. Lisez attentivement chaque question
et répondez-y selon vos convictions personnelles. Dans «L'Amour
à 20 ans: deuxième partie», vous pourrez comparer vos réponses
à celles des jeunes Français.

1. Qu'est-ce que vous *souhaitez* le plus à votre meilleur(e) ami(e)?   *wish*
   a. avoir un métier très intéressant
   b. vivre un grand amour
   c. gagner beaucoup d'argent
   d. participer à la vie politique
   e. Je ne sais pas.

2. À votre avis, peut-on connaître «le grand amour» plusieurs fois dans la vie, ou seulement une fois?
   a. plusieurs fois
   b. une fois seulement
   c. Je ne sais pas.

3. Est-ce qu'on *tombe amoureux* seulement quand on est jeune, ou est-ce   *fall in love*
   possible à tout âge?
   a. seulement quand on est jeune
   b. à tout âge
   c. Je ne sais pas.

4. Est-ce que vos parents sont *au courant* de votre vie sentimentale?   *aware*
   a. oui
   b. non
   c. Je ne sais pas.

5. Si un garçon et une fille entre quinze et vingt ans s'aiment vraiment, et s'ils ne sont pas indépendants financièrement, quelle est la meilleure solution?
   a. rester chez leurs parents et se voir régulièrement
   b. quitter leur famille pour vivre ensemble sans se marier
   c. quitter leur famille pour se marier
   d. sans opinion

6. Et s'ils sont indépendants financièrement, quelle est la meilleure solution?
   a. rester chez leurs parents et se voir régulièrement
   b. quitter leur famille pour vivre ensemble sans se marier
   c. quitter leur famille pour se marier
   d. sans opinion

7. À votre avis, un homme et une femme qui vivent ensemble devraient-ils se marier?
   a. oui, sûrement

b. cela vaut mieux

c. *pas forcément*   pas nécessairement

d. non, c'est inutile.

8. *Répondez à cette question seulement si vous avez répondu «oui, sûrement» ou «cela vaut mieux» à la question n° 7.*

Pourquoi vaut-il mieux se marier?

a. parce que c'est la meilleure façon d'élever des enfants

b. parce que c'est la façon la plus normale pour un couple de vivre dans notre société

c. parce que c'est la seule chose qu'on peut souhaiter quand on s'aime vraiment

d. Je ne sais pas.

9. *Répondez à cette question seulement si vous avez répondu «pas forcément» ou «non, c'est inutile» à la question n° 7.*

Pourquoi est-ce inutile de se marier?

a. parce qu'il est bon de vivre ensemble avant de se marier

b. parce que c'est superflu quand on s'aime vraiment

c. parce qu'on perd sa liberté

d. parce que le mariage est nécessaire seulement quand on veut des enfants

e. Je ne sais pas.

Extrait et adapté d'un article de *l'Express*

Notes Culturelles

En dépit du nombre de plus en plus grand de mariages se terminant par un divorce (15 pour cent), le mariage reste un acte essentiel dans la vie des jeunes Français. L'âge moyen (*average*) des jeunes mariés est de vingt-quatre ans pour les hommes et vingt-deux ans pour les femmes. En général, ils prennent le temps de se connaître avant de se marier. Selon les statistiques officielles, la majorité des jeunes Français choisissent de se marier à l'église, mais beaucoup le font parce que leurs parents le désirent. On estime aussi que 15 pour cent des futurs couples pratiquent la «cohabitation prénuptiale». La majorité d'entre eux pensent que le mariage est essentiellement une formalité juridique qui permet à un couple de vivre en conformité avec les habitudes de la société. Avoir la même origine sociale n'est pas considéré comme un élément important. Pourtant, il faut dire que la distance moyenne entre les lieux d'origine des couples français reste seulement de onze kilomètres, même à l'époque des jets!

The use of the adjective **amoureux** in this reading passage provides a good example of the need for flexibility when attaching meaning to French words. **Amoureux** is similar to the English word *amorous*, an adjective that is not frequently used in everyday speech. The reader who relates every word to an English equivalent would therefore have to search for a more common English term, such as *in love*.

Supply a commonly used English equivalent for each word in italics.

1. On dit que le nombre de divorces *augmente* chaque année.
2. Chez nous, c'est mon mari qui *s'occupe* du ménage; moi, je fais la cuisine.
3. On a annoncé le mariage de Lynne et Richard dans le *journal* d'hier.
4. Ma sœur, qui est très dynamique, s'est mariée avec un homme *tranquille.*
5. Les jeunes mariés ont refusé la voiture que leurs parents leur avaient offerte. Ils ne voulaient pas *profiter* de leur générosité.

Activités

A. Compréhension du texte

Complétez les phrases avec des mots que vous avez rencontrés dans le texte.

1. _____ est le sentiment qu'on éprouve quand on aime une autre personne.
2. Un garçon qui aime une fille est _____.

3. Il faut lire le journal régulièrement pour être _____ des événements politiques.
4. Pilote, pharmacien, boulanger, fleuriste sont des noms de _____.
5. Aux Etats-Unis Monsieur Gallup organise des _____ pour savoir quel candidat gagnera les élections.
6. Quelle est l'attitude des Américains _____ l'amour?
7. En France on écrit à ses amis pour leur _____ une heureuse nouvelle année.

B. Et vous?

Quelle est votre opinion sur les questions suivantes? Pour indiquer que c'est une opinion personnelle, vous pouvez commencer votre phrase par «à mon avis» ou «selon moi».

1. Quelle est la chose la plus importante dans la vie?
2. Combien de fois peut-on connaître l'amour dans la vie?
3. Est-ce qu'il est bon de vivre ensemble avant de se marier? Pourquoi?
4. Est-ce que les jeunes et les adultes ont une attitude différente envers l'amour?
5. Est-ce qu'il est possible d'aimer plusieurs personnes en même temps?
6. On dit que les Américains ont une attitude puritaine envers l'amour. Est-ce vrai?
7. Est-ce que la jalousie est inévitable quand on est amoureux?

C. Que vaut-il mieux faire?

À votre avis, que vaut-il mieux faire dans les situations suivantes? Choisissez la réponse ou les réponses qui correspondent à vos préférences personnelles, ou bien, proposez une autre solution.

1. Si on vous pose une question indiscrète, il vaut mieux...
   a. ne pas répondre
   b. ne pas dire la vérité
   c. dire que c'est une question trop indiscrète
   d. ?

2. Quand on n'a pas d'opinion, il vaut mieux...
   a. ne rien dire
   b. essayer de changer de sujet
   c. dire ce qui fera plaisir à la personne qui a posé la question
   d. ?

3. Quand on est triste, il vaut mieux...
   a. sortir avec des amis
   b. écouter des disques qu'on aime bien
   c. aller voir un film amusant
   d. **?**

4. Si vous êtes amoureux(-euse), il vaut mieux...
   a. le dire seulement à votre meilleur(e) ami(e)
   b. mettre vos parents au courant
   c. ne le dire à personne
   d. **?**

5. Si on aime vraiment une fille ou un garçon, il vaut mieux...
   a. se marier le plus tôt possible
   b. vivre ensemble avant de se marier
   c. se voir régulièrement pour apprendre à se connaître
   d. **?**

6. Quand on n'est pas indépendant financièrement, il vaut mieux...
   a. apprendre un métier
   b. demander de l'argent à ses parents
   c. travailler et étudier en même temps
   d. **?**

D. Que feriez-vous?

Si vous étiez dans les situations suivantes, que feriez-vous?

Exemple: Si j'étais amoureux, je le dirais à tout le monde.

1. Si j'étais indépendant(e) financièrement, je...
2. Si j'avais besoin d'argent, je...
3. Si j'avais des enfants, je...
4. Si j'avais soixante-deux ans, je...
5. Si j'étais marié(e), je...
6. Si j'aimais un garçon (une fille) qui ne m'aime pas, je...
7. Si j'étais du sexe opposé, je...
8. Si j'étais amoureux(-euse), je...
9. Si j'avais des problèmes sentimentaux, je...

Rencontres

Certaines personnes choisissent de mettre une annonce dans le journal pour trouver le (la) partenaire idéal(e). En voici quelques exemples.

Rencontres

J.H. 27 ans seul, simple, timide renc. J.F. 20/30 ans simple, gentille

J.F. 37 ans mince, blonde, chev. longs, yeux bleus, cultivée, b. mil. renc. Mons quarant. bien phys. situat. en rap.

MEDECIN 31 ans courtois compréh. renc. J.F. douce et gentille

MONS. 35 ans, 1m72, symp. b. situation, renc. J.F. 30 à 40 ans, goûts simple.

Pour passer votre annonce utilisez cette grille

NOM . . . . ADRESSE . . . .

20 Frs TTC les 4 lignes

Vocabulaire

J.H. = jeune homme; renc. = rencontrer; J.F. = jeune fille; chev. = cheveux; b. mil. = bon milieu; mons. = monsieur; phys. = physiquement; compréh. = compréhensif; symp. = sympathique

---

1. Que pensez-vous de cette manière de rencontrer des gens? Quels sont ses avantages et ses inconvénients?
2. À votre avis, quels sont les meilleurs moyens de rencontrer des gens et de faire leur connaissance?
3. Utilisez les modèles et la grille pour composer une annonce—sérieuse ou amusante—du même genre.

CHAPITRE VINGT

L'Amour à 20 ans

Deuxième Partie

Mille jeunes gens et jeunes filles de quinze à vingt ans, de tous les milieux sociaux, ont répondu à l'*enquête* de *l'Express*. Objet de l'enquête: l'amour. *survey* Cette enquête permet de vérifier des intuitions, de corriger des idées fausses et de mesurer l'évolution des attitudes.

Que disent les jeunes? Le contraire de ce qu'on attendait. Leurs réponses vont peut-être forcer beaucoup de gens à reconsidérer leurs idées.

Première idée traditionnelle: *Les jeunes ne pensent qu'à s'amuser au lieu de penser à leur avenir.* Vrai ou faux? Quand on leur demande ce qu'ils *souhaitent* le plus, garçons et filles sont d'accord: un métier très intéressant. *wish* Les jeunes ont donc compris que le travail n'est pas seulement une nécessité mais aussi un moyen de se réaliser *pleinement*. Ils ont compris que pour *fully* être un homme heureux ou une femme heureuse dans un lit, il faut d'abord être un homme heureux ou une femme heureuse dans sa vie. Il est intéressant de noter que les filles accordent encore plus d'importance au travail que les garçons: moins de 20 pour cent d'entre elles placent le grand amour en premier lieu. En ce qui concerne l'argent, 20 pour cent des garçons et seulement 10 pour cent des filles le souhaitent en premier lieu.

Autre idée traditionnelle: *Ils croient que l'amour est le privilège des jeunes.* Vrai ou faux? Faux. Quarante-huit pour cent des jeunes de quinze à vingt ans pensent qu'on peut connaître le grand amour plusieurs fois dans la vie et 86 pour cent d'entre eux pensent qu'on peut aimer à tout âge. Les jeunes savent que l'amour existe; ils l'ont déjà rencontré et ils savent qu'ils le rencontreront encore.

La clandestinité n'est plus à la mode. *Parmi* les jeunes qui déclarent être *Among* amoureux, 67 pour cent disent que leurs parents sont *au courant*. Ils ont *aware* aussi le sens pratique: 75 pour cent d'entre eux pensent qu'il vaut mieux continuer à vivre chez leurs parents et se voir régulièrement jusqu'au moment où ils seront indépendants financièrement.

Les jeunes reconnaissent le besoin d'aimer et d'être aimés, mais le mariage a cessé d'être *le but* suprême. Quarante-six pour cent des jeunes déclarent *l'objectif* que si un homme et une femme vivent ensemble, ils ne doivent pas nécessairement se marier. Seulement 17 pour cent d'entre eux pensent que le mariage est nécessaire et 28 pour cent que le mariage est préférable quand un homme et une femme désirent vivre ensemble.

Les jeunes les plus libéraux vont même jusqu'à contester la moralité du mariage. Le philosophe Kant disait que le mariage est l'appropriation d'une autre personne pendant toute une vie. C'est précisément cette idée de possession que les jeunes rejettent. Ils pensent que cette idée vient de notre héritage culturel et non d'un instinct naturel de possession. Ils reconnaissent que la jalousie existe, mais ils refusent de la considérer comme une chose inévitable.

Les réactions des jeunes montrent que les attitudes ont beaucoup changé depuis quelques années. Les jeunes d'aujourd'hui ont les yeux ouverts mais le cœur *inquiet*. L'amour, lui aussi, est influencé par la mode; il est pensé, *uncertain* parlé, vécu selon la couleur du temps. S'il fallait trouver un adjectif pour le décrire, on dirait que l'amour est aujourd'hui lucide. Ou qu'il essaie de l'être.

Extrait et adapté d'un article de *l'Express*

Notes Culturelles

Comment les Français voient-ils l'amour? Sont-ils les amants passionnés que l'on croit? Leur attitude envers (*toward*) l'amour est-elle généralement romantique et idéaliste ou est-ce qu'il existe un certain cynisme envers l'amour et le mariage? Les résultats du sondage présentés dans ce chapitre répondent en partie à ces questions. Une autre perspective sur ce sujet peut être apportée par les opinions de quelques écrivains français bien connus.

- Le cœur a ses raisons que la raison ne connaît pas. (Pascal)
- Il y a de bons mariages, mais il n'y en a pas de délicieux. (La Rochefoucauld)
- Il est du véritable amour comme de l'apparition des esprits. Tout le monde en parle, mais peu de gens en ont vu. (La Rochefoucauld)
- Aimer, ce n'est pas se regarder l'un l'autre, c'est regarder ensemble dans la même direction. (Saint-Exupéry)
- J'aime ceux qui ne savent pas trop pourquoi ils aiment, c'est qu'alors ils aiment vraiment. (Gide)
- L'homme a deux faces: il ne peut pas aimer sans s'aimer. (Camus)

In French, an adverb is usually formed by adding the ending **-ment** to an adjective. Although the process of forming adverbs in writing or speaking requires familiarity with a number of grammar rules, knowing that **-ment** indicates an adverb is sufficient for reading.

The following adverbs appear in this chapter's reading passage. Note the feminine adjective on which each is based. Then use each adverb in a sentence. Remember that adverbs are used to qualify or modify a verb, an adjective, or another adverb.

pleinement	pleine
nécessairement	nécessaire
seulement	seule
régulièrement	régulière
précisément	précise
financièrement	financière

Activités

A. Compréhension du texte

1. Combien de jeunes Français a-t-on interviewés?
2. De quel milieu social venaient-ils?
3. Pourquoi a-t-on fait cette enquête?
4. En général, qu'est-ce que les adultes pensent des jeunes?
5. Selon l'enquête, qu'est-ce que les jeunes souhaitent le plus?
6. En France est-ce que les filles accordent autant d'importance au travail que les garçons?
7. Est-ce que les jeunes Français accordent beaucoup d'importance à l'argent?
8. Quelle est l'attitude des jeunes Français envers le mariage? Pourquoi certains jeunes contestent-ils la moralité du mariage?
9. Selon vous, quelle est l'attitude de l'auteur envers les jeunes? Est-ce que l'auteur les condamne?
10. Examinez les opinions et sentiments exprimés par l'auteur. Dites si vous pensez qu'elle écrit dans un journal libéral ou dans ou journal conservateur.

B. Et vous?

1. Et vous, que souhaitez-vous le plus dans la vie? Est-ce que vous êtes d'accord avec la plupart de vos amis?
2. Est-ce que les jeunes Américaines accordent autant d'importance au travail que les jeunes Françaises? Et vous, quelle place le travail occupe-t-il dans votre vie?
3. Quelle importance les jeunes de votre âge accordent-ils à l'argent? Et vous?
4. Quand vous aimez quelqu'un, avez-vous tendance à être jaloux (-ouse)?
5. À votre avis, l'idée de propriété vient-elle de notre héritage culturel ou d'un instinct naturel?
6. L'auteur dit que l'adjectif qui caractérise le mieux l'attitude des jeunes devant l'amour est *lucide*. Êtes-vous d'accord?

C. Préférences

Choisissez la réponse ou les réponses qui correspondent à vos préférences personnelles, ou bien proposez une autre option.

1. Qu'est-ce qui vous intéresse le plus dans la vie?
   a. avoir un métier intéressant
   b. vivre un grand amour
   c. gagner beaucoup d'argent
   d. jouer un rôle politique
   e. ?

2. Qu'est-ce que vous souhaitez faire dans la vie?
   a. avoir une famille et vivre une vie tranquille
   b. devenir célèbre
   c. consacrer ma vie aux autres
   d. vivre une vie libre et indépendante
   e. ?

3. Qu'est-ce qui vous attire le plus chez un homme ou chez une femme?
   a. son charme
   b. sa gentillesse
   c. son intelligence
   d. sa beauté
   e. ?

4. Qu'est-ce que vous cherchez dans le mariage?
   a. la sécurité
   b. l'amour

        c. une famille
        d. l'affection d'une autre personne
        e. ?

5. Qu'est-ce qui est le plus important dans un rapport entre un homme
    et une femme?
        a. l'attraction physique
        b. l'affection et le respect mutuel
        c. avoir des intérêts communs
        d. être de la même classe sociale
        e. ?

6. Qu'est-ce qui est le plus important dans la vie?
        a. l'amour
        b. l'argent
        c. le respect des autres
        d. la liberté
        e. la religion
        f. ?

D. Reproches

Les adultes aiment bien donner des conseils, surtout aux jeunes. Pour changer un peu, c'est vous qui allez jouer ce rôle et donner des conseils à vos amis. Utilisez un élément de chaque colonne pour former des phrases.

Exemple: Pensez à votre avenir au lieu de perdre votre temps!

Faites votre travail		sortir tous les soirs
Soyez sérieux(-euse)		regarder la télévision
Gagnez de l'argent		parler tout le temps
Apprenez un métier	*au lieu de*	vous reposer
Mariez-vous		aller au café
Aidez votre mère		perdre votre temps
Écoutez		vous amuser
?		?

E. Points de vue

1. Êtes-vous pour ou contre le mariage?
2. «Pour être heureux dans ses rapports amoureux, il faut d'abord être heureux dans son travail.» Vrai ou faux?
3. Est-ce que votre attitude envers l'amour est la même que celle des jeunes Français, celle des jeunes Américains de votre âge ou celle de vos parents?

CHAPITRE VINGT ET UN

Sauriez-vous conduire en Europe?

*Comme la plupart des Américains, vous avez sans doute obtenu votre permis de conduire entre l'âge de seize et dix-huit ans. Vous avez peut-être même réussi **du premier coup** aux examens écrits et pratiques. Pourtant, un de ces jours, au cours d'un voyage en France, vous risquez d'être obligé de conduire sur les routes françaises. Sauriez-vous reconnaître les signaux routiers? Voici un petit test qui indiquera si vous serez un chauffeur prudent ou un **démon du volant**. Que signifie chacun des signaux routiers suivants?*

la première fois

speed demon

1. a. *Sens interdit*
   b. *Ralentissez!* Vous approchez d'une intersection.
   c. Vous êtes prié d'arrêter le moteur.

défense d'entrer
slow down

2. a. Accélérez! Vous venez de quitter la ville.
   b. Attention! On travaille sur la route.
   c. *Cédez le passage* aux voitures qui circulent sur la route à grande circulation.

yield the right of way

3. a. Vous êtes sur la Route nationale 50.
   b. La vitesse est limitée à cinquante kilomètres à l'heure.
   c. Vous êtes à cinquante kilomètres de la station-service la plus proche.

Lons-le-Saunier

4. a. Vous quittez la ville de Lons-le-Saunier.
   b. Cette ville n'existe plus.
   c. Ce panneau est une victime du vandalisme public.

5. Si vous voyez ce triangle posé sur la route, il annonce...

   a. un camion qui *est en panne* sur la route
   b. l'intersection de trois routes
   c. un stop; vous devez céder le passage

has broken down

6. Cette plaque placée sur une voiture indique que...

   a. le nom de famille du chauffeur commence par un *E*
   b. la voiture vient d'Espagne
   c. le chauffeur a reçu un *E* quand il a passé son permis de conduire

7. Ce panneau indique qu'il est interdit de *klaxonner*, *honk*
   mais un chauffeur français doit klaxonner...
   a. pour faire tourner la tête de quelqu'un
   b. pour signaler à un autre chauffeur que sa voiture
      n'est pas en bon état
   c. pour *avertir* les autres chauffeurs, notamment *warn*
      aux intersections

8. a. L'entrée est interdite aux personnes qui ont
      moins de trente ans.
   b. Vous êtes obligé de circuler à trente kilomètres
      à l'heure au minimum.
   c. Votre vitesse est limitée à trente kilomètres
      à l'heure.

9. La barre rouge vous défend de *stationner*. Mais que *parquer*
   veut dire le *1–15*?
   a. La durée de stationnement est limitée à quinze
      minutes.
   b. Le stationnement est interdit du 1er au 15 du
      mois.
   c. Il y a seulement de la place pour quinze voitures.

10. a. Cette borne routière donne la distance entre
       l'endroit où vous êtes et les villes indiquées.
    b. Du respect, s'il vous plaît. Vous traversez un
       cimetière militaire.
    c. Cette *pierre tombale* marque l'endroit d'un *tombstone*
       accident fatal. Il est recommandé de conduire
       avec prudence.

11. a. Il y a une réserve d'Indiens à 500 mètres.
    b. Vous pouvez enfin vous arrêter pour la nuit. Il
       y a un terrain de camping à 500 mètres.
    c. Attraction touristique: un village primitif qui
       compte 500 habitants mâles.

12. Cet agent de police règle la circulation au *carrefour*. *intersection*
    Qu'est-ce que vous faites?
    a. J'obéis à son signe et je m'arrête.
    b. Je stationne tout de suite pour regarder ce que
       feront les autres automobilistes.
    c. Je continue *tout droit* puisque l'agent indique que *ni à droite, ni à*
       le passage est libre. *gauche*

13. Disons que vous descendez les Champs-Élysées et que vous vous approchez de la place de la Concorde. En entrant dans ce grand cercle,...
    a. vous devez laisser passer les autos qui sont déjà dans le cercle
    b. vous avez priorité en entrant dans le cercle
    c. chacun pour soi!

14. Si vous arrivez à un carrefour en même temps qu'une autre voiture,...
    a. la route appartient au plus courageux
    b. la priorité est à celui qui vient de la droite
    c. la priorité est à celui qui vient de la gauche

Réponses 1. a; 2. c; 3. b; 4. a; 5. a; 6. b; 7. c; 8. b; 9. b; 10. a; 11. b; 12. a; 13. b; 14. b

Interprétation des résultats

Faites le total des réponses correctes*. Dans quelle catégorie vous placez-vous?

12–14 N'hésitez pas à louer une voiture pour visiter la France en auto.
10–11 Avant de partir en France, prenez le temps de relire votre Code de la route.
8–9 Il vaudrait peut-être mieux prendre le train.
6–7 Si vous voulez voyager en auto, louez une voiture avec chauffeur.
0–5 Restez au lit! Vous êtes un danger public!

*Si vous avez l'intention de conduire seulement en Italie, ajoutez deux points à votre total!

Notes Culturelles

Les Français ont depuis longtemps la réputation de ne pas être des conducteurs très patients. Mais cette attitude est en train de changer comme le montre un récent sondage d'opinion. Un dessin publicitaire de Shell reconnaît cet effort et encourage les Français à devenir de «nouveaux conducteurs».

se sert *use*   épater *impress*   embouteillages *traffic jams*   se vante
brags   éclabousser *splash*   piétons *pedestrians*

154
CONNAITRE ET SE CONNAITRE

Written and oral commands can be given in a variety of ways in French. Depending on the situation, the order can be expressed in a polite style (**Vous êtes prié d'arrêter le moteur**) or in a direct and sometimes abrupt manner (**Ralentissez!**). Below are examples of commands that can be given in a variety of situations. Using them as models, create commands that illustrate each category.

Style impersonnel/communication indirecte écrite: Défense de fumer. Il est interdit de klaxonner. Interdiction de stationner. Prière de ne pas faire de bruit.

Style personnel mais très poli et formel: Vous êtes prié d'attacher votre ceinture. Vous êtes prié de rester assis.

Style poli: Veuillez accepter nos remerciements. Pourriez-vous me rendre un service?

Style direct: Voulez-vous m'apporter le journal? Pouvez-vous venir demain?

Ordres directs: Ne parlez pas anglais en classe! Fais bien attention! Ne rentrez pas trop tard!

A. Et vous?

Vous êtes en voiture avec des amis qui vous donnent continuellement des conseils. Est-ce que vous allez suivre leurs conseils?

1. Arrêtez-vous au feu vert.
2. Accélérez quand vous arrivez à un tournant.
3. Conduisez prudemment parce qu'il y a beaucoup de circulation.
4. Ralentissez; il y a un camion qui est arrêté au milieu de la route.
5. Arrêtez-vous immédiatement; il y a un accident.
6. Ralentissez; nous passons près d'un camp de nudistes.
7. Faites un grand sourire à l'agent de police.
8. Arrêtez-vous au milieu de la route pour attacher votre ceinture de sécurité.
9. Klaxonnez; il y a quelqu'un qui fait de l'auto-stop.
10. Levez la main droite avant de tourner à gauche.

Une 2 C.V. Citroën

B. Pardon, monsieur l'agent...

Un agent de police vient de vous arrêter pour avoir dépassé la limite de vitesse. Qu'allez-vous lui répondre?

L'agent: Bonjour. Est-ce que je pourrais voir votre permis de conduire?

Vous: _____

L'agent: Je vois que vous n'êtes pas d'ici. Vous êtes en visite?

Vous: _____

L'agent: Est-ce que vous savez que la limite de vitesse sur cette route est de 45 km/h?

Vous: _____

L'agent: Pourriez-vous me dire pourquoi vous rouliez à 20 km au-dessus de la limite de vitesse?

Vous: _____

L'agent: Je suis vraiment désolé, mais je vais être obligé de vous donner une contravention.

Vous: _____

L'agent: Ce n'est pas une raison. Enfin... je vais être gentil cette fois-ci, mais ne recommencez pas, hein?

Vous: _____

L'agent: Avant de vous laisser partir, je voudrais quand même vous faire remarquer que la limite de vitesse et le numéro de la route, ce n'est pas la même chose!

Vous: _____

C. Connaissez votre voiture

Complétez les phrases suivantes en basant vos réponses sur les deux illustrations.

le volant
les sièges
le pare-brise
l'essuie-glace
le coffre
le capot
les phares
le pare-choc
le capot
la portière

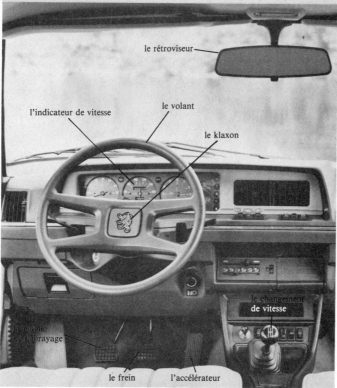

le rétroviseur

l'indicateur de vitesse
le volant
le klaxon

le changement
de vitesse

la pédale
de débrayage

le frein
l'accélérateur

1. Le moteur se trouve sous _____, sauf dans les voitures comme les vieilles Volkswagens.
2. Je vais mettre nos bagages dans _____.
3. Il commence à pleuvoir. Mettez vos _____.
4. Quand vous laissez votre auto dans la rue, il vaut mieux fermer _____ à clef.
5. Je ne vois pas bien. Il faut nettoyer le _____.
6. Quand vous conduisez, gardez vos deux mains sur _____.
7. Pour aller plus rapidement, on appuie sur _____.
8. Avant de faire marche arrière, regardez bien dans votre _____.
9. Si vous n'avez pas d'essence, il faut en mettre dans _____.
10. Cette voiture est vraiment luxueuse. Regardez comme les _____ sont confortables!
11. Ralentissez, voyons! Il y a un enfant qui traverse la rue. Appuyez sur _____.
12. Vous avez tendance à rouler trop vite; regardez donc de temps en temps votre _____.

D. Moyens de transport

Comparez les avantages des différents moyens de transport. Vous pouvez utiliser la liste d'adjectifs et construire vos phrases sur les exemples donnés.

Exemples: **À Paris, le métro est plus pratique que la voiture.**
Le bateau est moins dangereux que l'avion.

moyens de transport	adjectifs
le train	pratique
le bateau	économique
l'avion	silencieux
le métro	cher
l'auto	lent
la bicyclette	exotique
la soucoupe volante	rapide
l'autobus	folklorique
le tramway	amusant
le taxi	élégant
le cheval	sale
la motocyclette	confortable
l'éléphant	utile

E. Clichés

Essayez de recréer les clichés les plus communs au sujet de ces différents types de conducteurs. Utilisez un élément de chaque colonne pour former des phrases.

Les vieux	pensent qu'ils possèdent la route
Les chauffeurs de camions	sont très prudents
Les chauffeurs de grosses voitures	ne font pas attention aux autres voitures
Les femmes	persécutent ceux qui conduisent des voitures de sport
Les hommes	conduisent comme des fous
Les agents de police	sont des candidats au suicide
Les Italiens	prennent un plaisir sadique à donner des contraventions
Les jeunes	ont tendance à conduire trop lentement
Les parents	conduisent plus prudemment que les femmes (les hommes)
Les chauffeurs de petites voitures	sont plus agressifs que les autres
Les motocyclistes	pensent que les jeunes conduisent trop vite
?	?

F. Points de vue

1. Les notes culturelles présentent le contraste entre les nouveaux conducteurs et ceux de la vieille école. Utilisez cette approche pour décrire d'autres groupes «d'anciens» et «de nouveaux» (exemples: les conducteurs américains d'hier et d'aujourd'hui, les anciennes et les nouvelles voitures, les professeurs et les étudiants d'hier et d'aujourd'hui, etc.).
2. Décrivez quelques conducteurs que vous connaissez (parents, amis, vous-même).
3. Quels conseils donneriez-vous à un(e) ami(e) français(e) qui désire conduire aux États-Unis?

CHAPITRE VINGT-DEUX

Séparé de la Joconde

Comment oublier huit années passées en compagnie de Mona Lisa? Pour Monsieur Léon Mékusa, soixante-huit ans, gardien de la Joconde au musée du Louvre, l'âge de la *retraite* est un véritable drame parce que cela signifie la séparation d'avec son idole, Mona Lisa.

    retirement

Pour lui, la Joconde n'est pas seulement le tableau qu'il est chargé de garder, c'est le symbole même de la vie. «Tout ce qui concerne la vie, je le trouve là, explique-t-il. Par exemple, derrière Mona Lisa, il y a un chemin qui n'est pas droit. C'est comme le chemin de la vie.»

En plus du français, Monsieur Mékusa parle russe, anglais et allemand. C'est à cause de sa connaissance de plusieurs langues qu'il a été choisi pour

garder le tableau qui inspire le plus grand nombre de questions de la part des visiteurs. «Mais la Joconde répond plus vite que moi, dit-il. Elle *sourit*   *smiles*
même en japonais.»

Léon Mékusa a une connaissance intime de ce célèbre sourire. «Vous savez, moi qui ai vu la Joconde tous les jours pendant huit ans, je peux vous dire qu'elle ne sourit pas tout le temps.» Il n'est pas loin de penser qu'en son absence Mona Lisa sera triste. En tout cas, il a l'intention de continuer à lui rendre visite, même quand il sera à la retraite.

Dans son travail, Monsieur Mékusa entend beaucoup de questions absurdes. «Il y a des gens de tous les pays qui me demandent le prix: «*How much?*» Alors, moi, je leur réponds: «Le prix? Mais quel est le prix de votre vie? Vous la vendez?» Alors, ils s'excusent. Quand les Italiens arrivent, ils disent: «*Nostra.* Elle est à nous.» Ils croient que c'est Napoléon qui leur *a volé* la Joconde. Je leur explique que si Léonard de Vinci est venu chez nous,   *stole*
c'est parce que les Italiens n'étaient pas gentils avec lui et préféraient Michel-Ange. Je leur dis aussi que c'est François Ier qui a acheté la Joconde et qu'il l'a payée très cher.»

Le tableau est aujourd'hui *protégé* par deux *plaques de verre*. La première   *protected / plates of glass*
le protège contre l'air et l'humidité, la deuxième contre les possibilités de vandalisme. Pour beaucoup de gens, la Joconde est devenue une relique, *un porte-bonheur.* «Maintenant que les gens ne peuvent plus toucher la   *good-luck charm*
Joconde, ils me touchent la main. Ils croient que ça leur portera bonheur.»

La Joconde a provoqué des passions multiples. En 1911, un Italien, Vincenzo Perugia, vole la Joconde et la garde sous son lit pendant deux ans, dans une chambre d'hôtel. En 1956, un visiteur jette une *pierre* sur le   *stone*
tableau. Périodiquement, en Angleterre, en Italie, ou même au Liechtenstein quelqu'un déclare avoir découvert la «vraie» Joconde. D'autres affirment que Mona Lisa était en réalité un homme.

La femme de Léon Mékusa, qui est elle-même artiste *peintre*, participe   *painter*
à ce culte de la Joconde. Elle a peint toute une série de tableaux naïfs qui représentent son mari en compagnie de la Joconde. Dans un tableau, le gardien porte Mona Lisa dans ses bras et traverse avec elle le ciel de Paris. Dans d'autres, il joue de la guitare sous son balcon ou bien il l'invite à danser au cours d'un bal masqué. Même quand Monsieur Mékusa sera à la retraite, le sourire de Mona Lisa continuera donc à hanter sa vie.

Extrait et adapté d'un article de *l'Express*

Notes Culturelles

Paris est bien connu pour la qualité et la variété de sa vie artistique et culturelle. Ses musées sont célèbres dans le monde entier: Le musée du Louvre, le Centre Georges Pompidou, et le musée du Jeu de Paume avec sa magnifique collection de tableaux impressionnistes, par exemple. Mais saviez-vous qu'il y a plus de quatre-vingt-dix musées à Paris et que de nouveaux musées s'ouvrent chaque année? Le plus impressionnant de ces nouveaux venus est sans doute le Musée de la Renaissance situé dans le château d'Ecouen, lui-même bien connu pour son architecture qui annonce le style de la Renaissance. Un autre musée unique et fascinant est le Musée de l'Affiche (*poster*). Le thème de la première exposition était «Trois Siècles d'affiches françaises.» Pour compléter ce tour d'horizon historique vous pouvez aller au Musée Carnavalet voir l'exposition permanente sur l'histoire de Paris. Un Musée de la Mode et du Costume vient aussi de s'ouvrir et sa première exposition était consacrée aux costumes d'enfants de 1750 à 1950. Comme il n'est pas possible de décrire tous les musées, voici une liste de quelques-uns de ces musées qui peuvent peut-être vous intéresser.

—Musée de l'Air
—Musée de l'Histoire de France
—Palais des Arts Modernes
—Musée National des Arts Africains
—Musée de la Guerre
—Musée d'Histoire Naturelle et de l'Homme
—Musée des Arts Décoratifs
—Jardin des Plantes
—Musée du Pain
—Musée du Jouet (*toys*)
—Musée de la Marine
—Musée de la Préfecture de Police
—Musée de la Radio et de la Télévision
—Musée du Tabac
—Musée Rodin
—Musée Postal
—Musée Victor Hugo
—Musée de la Cinémathèque Française
—Musée de la Photographie

As we read, we gradually construct our own ideas about the content of a passage. We make judgments and begin to form opinions and predictions about what the author is trying to say. In this reading, we begin to develop ideas about what Léon Mékusa and his wife are like as well as why the Mona Lisa is such a popular painting. This ability to infer meaning and express it in our own terms is an important part of reading skill.

Practice inferring meaning by indicating whether or not Léon Mékusa and his wife might have made the following statements. Indicate which sentence or sentences in the reading helped you make your inferences.

1. Pense un peu à moi au lieu de rêver toujours à la Joconde.
2. J'attends la retraite avec impatience. Je serai content d'avoir enfin un peu de temps libre.
3. Pourquoi tous ces gens viennent-ils voir la Joconde, si la seule chose qui les intéresse vraiment, c'est son prix?
4. Ah, la Joconde! Elle est plus grande que la vie elle-même!
5. L'admiration que mon mari a pour la Joconde constitue pour moi une source d'inspiration artistique.

Activités

A. Compréhension du texte

1. Qu'est-ce que c'est que la Joconde et qui l'a peinte?
2. Qui est Léon Mékusa et en quoi consiste son travail?
3. Pourquoi a-t-il peur d'arriver à l'âge de la retraite?
4. Pourquoi a-t-on choisi Léon Mékusa pour garder la Joconde?
5. Qu'est-ce que la Joconde représente pour lui?
6. Combien de temps a-t-il passé en compagnie de la Joconde?
7. Quelles questions les gens lui posent-ils au sujet de la Joconde?
8. Pourquoi est-il nécessaire de protéger le tableau?
9. Qu'est-ce qui est arrivé à la Joconde en 1911?
10. Quels sont quelques-uns des sujets des tableaux peints par Madame Mékusa?

B. Et vous?

1. Avez-vous jamais vu la Joconde? Est-ce que c'était une reproduction ou l'original? Quelles ont été vos impressions?
2. Avez-vous jamais visité le Louvre? Quand? Combien de temps y avez-vous passé?
3. Allez-vous souvent au musée? Si oui, quel(s) musée(s) avez-vous visité(s) et pourquoi?
4. Y a-t-il des musées intéressants dans votre ville ou dans votre région?
5. Y a-t-il un tableau que vous aimez particulièrement et pourquoi?
6. Quel(le) est votre artiste préféré(e)? Pourquoi?
7. Aimez-vous peindre, dessiner ou sculpter? Avez-vous d'autres talents artistiques?
8. Comment votre chambre est-elle décorée (tableaux, dessins, posters, objets d'art)?
9. Qu'y a-t-il sur les murs de votre salle de classe? Comment aimeriez-vous la décorer?
10. Est-ce que vous collectionnez quelque chose (dessins, timbres, etc.)? Si oui, quoi et depuis combien de temps?

C. Visite de quelques musées parisiens

Imaginez que vous êtes à Paris avec des amis américains et que vous avez décidé de visiter des musées. Consultez la liste de musées à la page 162 et répondez aux questions suivantes.

Le Musée Rodin

Le Centre Pompidou

1. Quels sont les musées qui ne vous intéressent pas du tout?
2. Si vous aviez seulement une journée à passer à Paris, quel(s) musée(s) choisiriez-vous et pourquoi?
3. Un(e) ami(e) s'intéresse à l'histoire. Quel(s) musée(s) lui suggéreriez-vous de visiter?
4. Et pour un(e) ami(e) qui s'intéresse à la sculpture?
5. Quel musée allez-vous recommander à un(e) ami(e) qui aime beaucoup les peintres impressionnistes?

D. Jeux des erreurs

Le tableau de droite est une copie du tableau de gauche. Mais l'artiste qui l'a copié n'a pas fait très attention aux détails. Trouvez les sept erreurs qu'il a commises et décrivez-les.

E. Points de vue

1. Léon Mékusa parle du sourire mystérieux de la Joconde. À votre avis, pourquoi Mona Lisa sourit-elle?
2. Est-ce que l'art (le cinéma, le théâtre, la peinture, par exemple) est important pour vous? Pour les étudiants? Pour les Américains en général? Expliquez votre réponse.

CHAPITRE VINGT-TROIS

Un Petit Coin du Canada français

Une journaliste québécoise a été invitée à faire un reportage sur la vallée de la Lièvre, dans l'Outaouais—c'est-à-dire une région qui fait partie de la province de Québec, mais qui est en réalité située plus près d'Ottawa que de Québec. Voici son reportage.

Avant de venir ici, des gens bien informés m'avaient dit: «Oui, le pays est beau, c'est vrai, mais c'est comme tout l'Outaouais. Les gens quittent la région. Le *chômage* augmente. Les gens sont très influencés par la proximité d'Ottawa et de l'Ontario anglophone. La culture française perd du terrain devant l'influence anglaise. Les habitants ont l'impression que le Québec les oublie. Il y a toute une série de problèmes insurmontables.» **unemployment**

Insurmontables? Ce n'est pas l'avis des membres du CLSC (Centre local de *santé et de culture*), l'organisme social qui a permis aux habitants de prendre en main le développement de leur région. Comme l'explique son directeur, Jacques Jobin: «Un CLSC, c'est juste un instrument que les gens peuvent utiliser pour obtenir les types de services dont ils ont besoin (services médicaux, *renseignements juridiques*, aide technique ou administrative, etc.). C'est aussi un moyen de stimuler le développement économique et culturel. L'important, c'est la participation des habitants eux-mêmes.» **services communautaires** **legal informaion**

C'est aussi l'opinion de Laurent Trottier, un ancien *bûcheron* qui est maintenant un des directeurs du CLSC: «Je n'ai fait que huit années d'études et j'ai peur de parler devant des *gens éduqués*. Mais il y a des choses qui doivent changer ici, et ce que j'ai à dire est important. Alors, j'ai parlé.» D'autres ont suivi son exemple et peu à peu le CLSC est devenu le centre de la vie du village. Il y a des cours prénatals, un programme pour les handicappés physiques, un club pour les personnes âgées, et même un centre d'*artisanat*. **lumberjack** **notables** **crafts**

Comme il n'est pas possible de voir toute la région, j'ai décidé de me limiter au territoire couvert par le journal français local, le *Bulletin*. Hélène Jobin, sa *rédactrice* en chef, m'attend. Hélène est une femme de trente-sept ans, dynamique, pleine d'idées et de joie de vivre. C'est elle qui a redonné vie au *Bulletin*. «Quand les journaux ne contiennent pas assez de nouvelles locales, les gens ne les lisent pas. Alors, ils finissent par ne plus savoir ce qui se passe dans le village, dans la province et dans le monde. Maintenant, avec notre journal local, tout le monde s'intéresse *de nouveau* à ce qui se passe dans la région.» **editor** **again**

Hélène prend sa voiture pour m'emmener visiter la région. Elle connaît tout le monde. De temps en temps, elle s'arrête pour dire bonjour à une femme qui travaille dans son jardin. Nous arrivons à l'école d'Angers. Là, les enfants apprennent le français en écrivant des articles et des nouvelles pour le journal de leur école. Ils sont si motivés par la publication de leurs textes que la classe de français est devenue un vrai plaisir. À l'école secondaire, on écrit les nouvelles pour la radio de l'école et là aussi, la classe de français est la préférée.

Hélène est très heureuse de voir cette renaissance de la culture française. Elle m'explique: «Ça n'a pas été facile. L'Ontario anglophone est tout près.

Un Petit Coin du Canada français

Montréal et Québec sont très loin. Le seul contact que les gens avaient avec l'extérieur était avec leurs patrons anglophones. Ainsi, beaucoup ont peu à peu oublié la culture française. Dès qu'il y avait un ou deux anglophones dans un groupe, tout le monde parlait anglais. Les gens avaient perdu leur *fierté* et leur confiance en eux-mêmes. Mais depuis quelques années, les choses ont beaucoup changé. Maintenant, les francophones aiment se retrouver entre eux.»

pride

Hélène me raconte aussi un peu de son histoire personnelle. Elle est née ici, mais après son mariage, elle est partie au Burundi avec son mari Jacques pour *enseigner* dans une école africaine. «Là-bas, dit-elle, nous avons pris conscience de beaucoup de choses. J'ai vu ce que c'était que le sous-développement et la colonisation. J'ai jugé notre région avec des yeux nouveaux. J'ai compris que le développement, c'était chez nous qu'il fallait le réaliser. Le sentiment de fierté nationale, c'était dans notre propre pays qu'il fallait le cultiver. Alors, nous sommes revenus ici.»

teach

Extrait et adapté d'un article de *Châtelaine* par Françoise-R. Deroy-Pineau

Notes Culturelles

Voici quelques dates importantes dans l'histoire du Canada et plus particulièrement du Canada français.

1497   Jean Cabot découvre (*discovers*) le Canada.

1594 Jacques Cartier découvre le golfe du St-Laurent et remonte
le St-Laurent jusqu'à Montréal.

1608 Samuel de Champlain crée le premier établissement à
Québec et s'allie avec les tribus indiennes.

1630 Le Cardinal Richelieu envoie des missionnaires jésuites pour
convertir les «sauvages».

1663 La Nouvelle France est proclamée une province royale par
Louis XIV.

1755 Les Français sont battus par les Anglais à la bataille des
Plaines d'Abraham et abandonnent toute la Nouvelle France
à l'Angleterre.

1960 Formation du FLQ (Front pour la libération du Québec).

1970 Le gouvernement établit le bilinguisme; le français et l'anglais
sont les deux langues officielles.

One specific way of clarifying the meaning of a word or idea is to use examples. If we do not understand a word or phrase, an example or description sometimes makes the meaning clearer. In French, certain clues indicate examples, clarification, or elaboration of an idea. These clues may come in the form of such specific words and phrases as **par exemple, comme, c'est-à-dire, surtout, d'autres,** and **en réalité** or in the form of parentheses, colons, and dashes.

Complete each sentence by using one of the above French words or phrases that help clarify meaning.

1. Nous sommes Québécois, c'est vrai, mais _____ nous habitons loin de Québec.
2. Nous sommes membres d'un CLSC, _____ une organisation que les gens peuvent utiliser pour obtenir les services dont ils ont besoin.
3. Mon fils aime ses classes au lycée, mais c'est _____ la classe de français qui l'intéresse.
4. Notre village a beaucoup d'activités; il y a _____ un club pour les personnes âgées et de nombreuses activités artisanales.
5. Certains gens du village parlent souvent anglais; _____ continuent à parler français.
6. Un CLSC peut offrir différents services sociaux _____ les services médicaux et les renseignements juridiques.

Activités

A. Compréhension du texte

1. Où se trouve la vallée de la Lièvre et quels problèmes est-ce que cela pose pour ses habitants?
2. Quel a été le rôle du CLSC dans le développement de la région?
3. Pourquoi Laurent Trottier a-t-il décidé de participer aux activités du CLSC?
4. Qui est Hélène Jobin?
5. Pourquoi les gens ne lisaient-ils pas les journaux? Comment Hélène Jobin a-t-elle réussi à changer cette attitude?
6. Comment les enfants des écoles apprennent-ils à écrire le français?

7. Pourquoi la culture française perdait-elle du terrain dans l'Outaouais jusqu'à une époque récente?
8. Qu'est-ce qu'Hélène Jobin a fait après son mariage?
9. Pourquoi son mari et elle ont-ils décidé de revenir dans l'Outaouais?

B. Et vous?

1. Est-ce que vous êtes déjà allé(e) au Canada? Si oui, quelle partie du Canada avez-vous visitée et qu'est-ce que vous avez fait d'intéressant?
2. Est-ce que vous avez jamais travaillé comme volontaire dans un organisme social? Si oui, quel était votre travail?
3. À quelles activités culturelles ou sociales les habitants de votre ville ou région peuvent-ils participer?
4. Est-ce que votre école a son propre journal? Y avez-vous contribué? Si oui, de quelle(s) façon(s)?
5. Quand vous lisez le journal, est-ce que ce sont les nouvelles locales, les nouvelles nationales ou les nouvelles internationales qui vous intéressent le plus?

C. Un client difficile

Pendant qu'il voyage au Québec Monsieur Nemrien s'arrête dans un petit café pour déjeuner. Malheureusement, c'est un café où on ne sert que des sandwiches. Le garçon essaie de l'aider à trouver quelque chose qu'il aimerait, mais Monsieur Nemrien n'est pas facile à satisfaire. Imaginez la conversation.

NOTRE FAMILLE DE SOUS-MARINS

		½
No 1 Le Gros Jambon (jambon)	$2.00	$1.25
No 2 L'Économique (saucisson)	$1.50	$0.90
No 3 L'Italien (salami)	$1.75	$1.00
No 4 Le Gourmand (jambon, saucisson, salami)	$2.25	$1.35
No 5 Le Super (jambon, saucisson, salami viande fumée)	$2.50	$1.45
No 6 La Dinde (dinde)	$2.75	$1.50
No 7 Le Végétarien	$1.50	$1.00

Chaque sorte comprend:

Fromage, salade, oignons, tomates
vinaigrette ordinaire ou à l'ail   CHAUD: $0.10

Sandwich à la viande fumée (smoked meat)	**$1.75**

Sandwichs:

Tomates....................................	$0.75
Tomates, salade	$0.80
Tomates, salade, fromage	$0.90
Jambon	$0.90
Jambon, salade	$1.00
Jambon, salade, fromage.....................	$1.10
Dinde	$1.30
Dinde, salade, fromage........................	$1.50

turkey

Accompagnements:

Cornichons	$0.25
Piment rouge	$0.45
Fromage vinaigré............................	$0.50
Saucisse vinaigrée	$0.60
Chips	$0.25

pickles

Breuvages:

Café	$0.40
Lait	$0.40
Liqueurs assorties	$0.40
Thé	$0.40

Desserts:

Éclair au chocolat et beigne	$0.30
Gâteaux	$0.25

Le garçon:	Bonjour, Monsieur. Est-ce que vous avez fait votre choix?
M. Nemrien:	Il n'y a que des sandwiches au menu?
Le garçon:	_____
M. Nemrien:	_____
Le garçon:	_____
M. Nemrien:	_____
Le garçon:	_____
M. Nemrien:	_____

D. Vous êtes journaliste

Imaginez que votre classe a décidé de publier un journal français et que vous allez écrire un article pour ce journal. Composez un petit article sur un sujet de votre choix (activités sportives, revue d'une pièce de théâtre ou d'un film, description des meilleurs restaurants de la ville, éditorial, petites annonces, reportage sur les différentes activités de l'école, etc.).

E. Points de vue

1. Est-ce que les Américains connaissent bien leurs voisins canadiens? Que pourraient-ils faire pour mieux les connaître?
2. C'est en vivant en Afrique qu'Hélène Jobin a compris que «le développement, c'était chez nous qu'il fallait le réaliser.» Quels sont, à votre avis, les problèmes auxquels nous devrions nous adresser aux États-Unis?
3. Est-ce qu'il est important d'être fier de son pays ou de son héritage ethnique? Expliquez votre réponse.

VOCABULAIRE

The vocabulary contains all words that appear in the text except articles and identical cognates. Irregular verbs and noun plurals are included, as are irregular feminine forms of adjectives.

Abbreviations

cond.	conditional	*part.*	participle
f.	feminine	*pl.*	plural
fut.	future	*p.p.*	past participle
imp.	imperative	*pres.*	present
m.	masculine	*subj.*	subjunctive

A

a *pres. of* **avoir** has; **il y —** there is, there are, ago

à at, in, to; **— l'aise** at ease; **— pied** on foot; **— tout âge** at any age

abandonner to abandon

abord: d' — first, at first

absolument absolutely

abstrait abstract

absurdité *f.* absurdity

accélérateur *m.* accelerator

accélérer to accelerate

accepter to accept

accessoire *m.* accessory

acclamer to acclaim, cheer

accompagner to accompany

accomplir to accomplish

accord *m.* agreement; **être d' —** to agree

accorder to accord, grant, give

accuser to accuse

acheter to buy

acteur *m.* actor

actif, active active

activité *f.* activity

adapter to adapt

additionner to add

adjectif *m.* adjective

admettre to admit

administratif, administrative administrative

admirer to admire

admis *p.p. of* **admettre** admitted

adolescent *m.* adolescent, teenager

adopter to adopt

adorer to like, adore

adresse *f.* address

adulte *m. & f.* adult

aéroport *m.* airport

affaiblir to weaken

affaires *f. pl.* business; **un homme d' —** businessman

affectif, affective affective, pertaining to feelings

affectueux, affectueuse affectionate

affiche *f.* poster, notice

affirmer to affirm

africain African

Afrique *f.* Africa

âge *m.* age; **à tout —** at any age

âgé old

agence *f.* agency, bureau

agent de police *m.* policeman

agent de voyages *m.* travel agent

agréable pleasant, nice

agressif, agressive aggressive

agricole agricultural

agriculteur *m.* farmer

aide *f.* help

aider to help, aid

ail *m.* garlic

aimer to like, love

ainsi thus, so

aise *f.* ease

ajouter to add

albanais Albanian

Albanie *f.* Albania

algues *f. pl.* algae

alignement *m.* row, alignment

alimentaire: les produits — s food, edible products

Allemagne *f.* Germany

allemand German

aller to go; **— à pied** to walk; **— au diable** to go to hell; **— chercher** to go get; **— en classe** to go to class; **comment allez-vous?** how are you?; **comment ça va?** how are you?; **Je vais bien.** I'm fine.

allumer to light, turn on the lights

allumette *f.* match

alors then

Alpes *f.* Alps

Alsace *f.* Alsace, province in eastern France

amant *m.* lover

amateur *m.* amateur, fan, enthusiast

ambassade *f.* embassy

ambitieux, ambitieuse ambitious

aménagement *m.* furnishing

amener to bring, lead

américain American

Amérique *f.* America

ami *m.* friend; **petit —** boyfriend; **petite — e** girlfriend

amitié *f.* friendship

amour *m.* love

amoureux, amoureuse boyfriend, girlfriend; **tomber amoureux** to fall in love; **être amoureux** to be in love

amusant funny, amusing

amuser to amuse; **s' —** to have a good time

an *m.* year; **à vingt — s** at the age of twenty; **avoir vingt — s** to be twenty; **depuis trois — s** for the last three years; **le jour de l'An** New Year's day

analyse *f.* analysis

analyser to analyze

analytique analytical

ancêtres *m. pl.* ancestors

ancien, ancienne former, previous

ange *m.* angel; **— gardien** guardian angel

anglais English

Angleterre *f.* England

anglophone pertaining to speakers (speaking) of English

angulaire angular

année *f.* year; **chaque —** each year

annonce *f.* announcement, advertisement

annoncer to announce

anonyme anonymous

anxieux, anxieuse worried, anxious

antonyme *m.* antonym

apathie *f.* apathy

apathique apathetic

apparence *f.* appearance

apparition *f.* appearance

appartement *m.* apartment

appartenir to belong

appeler to call, name; **s' —** to be called, to be named

appétit *m.* appetite

appliquer to apply

apporter to bring

apprécier to appreciate

apprendre to learn

apprentissage *m.* apprenticeship

appris *p.p. of* **apprendre** learned

approcher to approach; **s' —** to approach; **s' — d'une intersection** to approach an intersection

approprié appropriate

approximatif, approximative approximate

approximativement approximately

appuyer to lean, press on; **— sur l'accélérateur** to step on the accelerator

après after; **d' —** from, after, according to

après-midi *m.* afternoon

arabe Arab, Arabic

arbre *m.* tree

archéologique archeological

archéologue *m.* archeologist

argent *m.* money

aromatique aromatic, with a pleasant odor

arrêt *m.* stop

arrêter to stop; **s' —** to stop

arrière: faire marche — to go backwards; **la roue —** the back wheel

arrivée *f.* arrival

arriver to arrive; **cela arrive** that happens

arrondi rounded, round

artificiel, artificielle artificial

artisanal pertaining to crafts

artisanat *m.* craftsmanship

artiste *m. f.* artist

artistique artistic

aspect *m.* look, appearance, aspect

assez enough, rather; **j'en ai —** I've had it!

assis *p.p. of* **asseoir** seated

assister to attend

associer to associate

astronaute *m.* astronaut

astronomique astronomical

athlète *m. f.* athlete

athlétisme *m.* track and field

Atlantique *m.* Atlantic

atmosphérique atmospheric

attacher to tie, attach, fasten

attendre to wait

attention *f.* watch out!, attention

attentivement carefully, attentively

atterrir to land

attirer to draw, attract

attribué attributed, given

au to, in; **— contraire** on the contrary; **— moins** at least; **— revoir** good-bye; **— sérieux** seriously

auberge *f.* inn; **— de jeunesse** youth hostel

aucun no, none

au-dessus over

augmentation *f.* increase

augmenter to increase

aujourd'hui *m.* today

aura, aurez *fut. of* **avoir** will have

aurait *cond. of* **avoir** would have

aussi too, also; **aussi ... que** as ... as

Australie *f.* Australia

autant as much, as many

auteur *m.* author

authentique genuine, real

auto *f.* car, auto; **en auto-stop** hitchhiking

autobus *m.* bus

autocar *m.* bus

automne *m.* fall; **en —** in the fall

automobiliste *m. f.* driver
autoritaire authoritarian, bossy
autorité *f.* authority
auto-stop *m.* hitchhiking
autour (de) around
autre other, another; — **chose** something else
autrefois formerly
Autriche *f.* Austria
autrichien, autrichienne Austrian
autruche *f.* ostrich
avancer to advance, go
avant (de) before
avantage *m.* advantage
avare *m. f.* miser
avec with
avenir *m.* future
aventureux, aventureuse adventurous
aventurier *m.* adventurer
avertir to warn
avion *m.* airplane; **voyager en** — to travel by plane
avis *m.* opinion; **à mon** — in my opinion
avocat *m.* lawyer
avoir to have; — **besoin de** to need; — **de la chance** to be lucky; — **en commun** to have in common; — **envie de** to feel like, want to; — **faim** to be hungry; — **lieu** to take place; — **l'occasion** to have the chance; — **mal à la tête** to have a headache; — **mal aux dents** to have a toothache; — **peur** to be afraid; — **raison** to be right; — **rendez-vous** to have a date or appointment; — **soif** to be thirsty; — **tort** to be wrong

B

baccalauréat *m.* baccalaureate, degree obtained by French lycée students

bagages *m. pl.* baggage, bags
bagnard *m.* convict
bain *m.* bath; **la salle de** — bathroom
bal *m.* ball, dance
ballon *m.* ball, balloon
bande *f.* strip, band; — **dessinée** comic strip
bannir to ban
banque *f.* bank
barbe *f.* beard
barre *f.* bar
barreaux *m. pl.* bars
bas: à — **le sexisme** down with sexism
baser to base
bataille *f.* battle
bateau *m.* boat, ship; — **à voile** sailboat; **faire une excursion en** — to take a boat ride
bâtiment *m.* building
bâtir to build
batterie *f.* drums, percussion instruments
battre to beat; **se** — to fight
beau, bel, belle beautiful; **il fait beau** the weather is nice
beaucoup much, many
beauté *f.* beauty
belge Belgian
Belgique *f.* Belgium
belle beautiful (*see* **beau**)
béret *m.* beret
besoin *m.* need; **avoir** — **de** to need
bête stupid
béton *m.* concrete
beurré buttered
Bible *f.* Bible; **la Sainte** — The Holy Bible
bicyclette *f.* bicycle; **aller à** — to ride a bicycle
bien well, very, quite; — **des choses** many things; — **entendu** of course; — **sûr** of course
bien-être *m.* well-being
bientôt soon
bière *f.* beer
bifteck *m.* beefsteak
bilingue bilingual

billet *m.* ticket; — **de banque** bank note
bison *m.* bison, buffalo
bizarre odd, strange
blâmer to blame
blanc, blanche white
bleu blue
bloc *m.*: **en** — as a whole, all together
bohème bohemian, hippie
boire to drink
bois *m.* wood
boîte *f.* box, can; — **de nuit** night club
bon, bonne good; (**à**) **bon marché** cheap; **en bonne santé** in good health
bonheur *m.* happiness
bord *m.* edge; **à** — **d'un bateau** on board a ship; **au** — **de la mer** at the seashore
borne: — **routière** *f.* mileage indicator
bouger to move
boulanger *m.* baker
boumerang *m.* boomerang
bourgeois *m.* middle-class, bourgeois
bouteille *f.* bottle
boxe *f.* boxing
bras *m.* arm
Brésil *m.* Brazil
Bretagne *f.* Brittany, province in northwestern France; **la Grande** — Great Britain
brièvement briefly
brosse *f.* brush; — **à dents** toothbrush
bruit *m.* noise
brûlant burning
brûler to burn
brun brown
brusquement abruptly, suddenly
brutalement brutally, suddenly
brutalité *f.* brutality
Bruxelles Brussels
bu *p.p. of* **boire** drunk
bûcheron *m.* lumberjack
bulgare Bulgarian

Bulgarie *f.* Bulgaria
bulletin *m.* report
bureau *m.* office, desk
but *m.* aim, goal

C

ça (= **cela**) that, it
cabaret *m.* tavern, cabaret
cacher to hide
café *m.* café, coffee
Californie *f.* California
calme calm, quiet
camarade *m. & f.* friend, pal; — **de classe** classmate
camion *m.* truck
campagne *f.* country
camper to camp
camping: terrain de — campground
canadien, canadienne Canadian
candidat *m.* candidate
canoë *m.* canoe
canot *m.* boat
capacité *f.* capacity, ability
capitale *f.* capital
capitaliste capitalist
captivité *f.* captivity, imprisonment
car for, since, because
caractère *m.* personality, temperament
caractériser to characterize
caractéristique *f.* trait, characteristic
carbone *m.* carbon
carbonique carbonic; **gaz** — carbon dioxide
cardiaque: crise — heart attack
carotte *f.* carrot
carré square
carrefour *m.* crossroad
carrière *f.* career
carte *f.* map, card
cas *m.* case, instance
casse-croûte *m.* snack
catégorie *f.* category

catholique catholic
cause: à — **de** because of
causer to cause, to chat
cave *f.* wine cellar, basement
cavité *f.* cavity, hole
ce (**cet** *before a vowel or mute* **h**), **cette,** *pl.* **ces** this, that, these, those; **ce...-ci** this; **ce...-là** that; **ce que** (object) what, which, that which; **ce qui** (subject) what, which, that which
ceci this
céder to yield
ceinture *f.* belt; **une** — **de sécurité** safety belt
cela that
célèbre famous
celle, celles *f.* the one, ones
cellule *f.* cell
celui, ceux *m.* the one, ones
cent hundred
centime *m.* centime, "cent"
centrale *f.:* **une** — **nucléaire** nuclear power plant
centre *m.* center
cercle *m.* circle
cerclé circled
cérémonie *f.* ceremony
cerf *m.* deer, stag
certainement certainly
ces these, those
cesser to stop
cet, cette this, that
ceux *m. pl.* these, those
chacun each, each one
chaîne *f.* chain
chambre *f.* bedroom
chameau *m.* camel
chance *f.* luck; **porter** — to bring luck; **avoir (de) la** — to be lucky
changer to change; — **de vitesse** to change gears
chanson *f.* song
chanter to sing
chanteur, chanteuse singer
chapeau *m.* hat
chapitre *m.* chapter
chaque each, every
chargé loaded, full, in charge of

charlatan *m.* charlatan, quack
charme *m.* charm
charmer to charm, delight
chasse-neige *m.* snowplow
chasser to chase, hunt
chat *m.* cat
château *m.* castle, chateau
chaud hot, warm; **il fait** — it's hot
chauffeur *m.* driver
chaussette *f.* sock
chaussure *f.* shoe
chauvinisme *m.* chauvinism
chef *m.* head, leader
chemin *m.:* — **de fer** railroad
chemise *f.* shirt
chèque *m.* check
cher, chère expensive, dear
chercher to look for
cheval, *pl.* **chevaux** *m.* horse
cheveux *m. pl.* hair
chez to (at) the house of, to (at) the place of business of
chien *m.* dog
chimique chemical
Chine *f.* China
chinois, chinoise Chinese
chocolat *m.* chocolate
choisir to choose
choix *m.* choice
chômage *m.* unemployment
choquer to shock
chose *f.* thing; **faire autre** — to do something else
chrétien, chrétienne Christian
chute *f.* fall
ci-dessous below
ciel *m.* sky
cigare *m.* cigar
ciment *m.* cement
cimetière *m.* cemetery
cinéma *m.* movies, movie theater
cinq five
cinquante fifty
cinquième fifth
circonstance *f.* circumstance
circuit *m.* track, lap
circulation *f.* traffic
circulatoire circulatory
circuler to drive, circulate

civilisation *f.* civilization

clandestinité *f.* secrecy; **en —** secretly

clarinette *f.* clarinet

classe *f.* class; **aller en —** to go to class; **camarade de —** classmate

classique classical

clef *f.* key; **fermer à —** to lock

client *m.* customer

climat *m.* climate

climatisé air-conditioned

coca *m.* coca-cola

coco *m.*: **noix de —** coconut

code *m.*: **— de la route** traffic regulations

cœur *m.* heart

coffre *m.* chest

coiffé wearing

coin *m.* corner

colère *f.* anger; **être en —** to be angry

collectionner to collect, save

collègue *m. & f.* colleague

colonie *f.* colony

colonisation *f.* colonization

colonne *f.* column

coloré vivid, colored

combat *m.* fight

combien how much, how many

commander to order

comme like, as, how, as if

commencement *m.* beginning

commencer to begin

comment how, what!

commentaire *m.* comment, note

commerce *m.* business

commis *p.p. of* **commettre** committed

commun common, ordinary; **avoir en —** to have in common

communiquer to communicate

communiste *m. & f.* communist

compagnie *f.* company

compagnon *m.* friend, companion

comparer to compare

compartiment *m.* compartment

complet *m.* suit (of clothes)

complet, complète complete

complètement completely

compléter to complete, finish

complimenter to compliment, congratulate

composé made of, composed of

composition *f.* composition, term paper

comprendre to understand

compris *p.p. of* **comprendre** understood

compte-chèque *m.* checking account

compter to count

concerner to concern; **en ce qui concerne** concerning

concrètement concretely

condamner to condemn

condition: à — que on the condition that

conditionnement *m.* conditioning

conducteur *m.* driver

conduire to drive; **le permis de —** driver's license

conduite *f.* conduct; **bonne —** good behavior

conférence *f.* lecture

confiance *f.* confidence

confiture *f.* jam, jelly

conflit *m.* conflict

conformiste conformist

confort *m.* comfort

confortable comfortable

conjugaison *f.* conjugation

connaissance *f.* acquaintance; **— s** *pl.* knowledge

connaître to know, be acquainted with: **se —** to know oneself, know each other

connu *p.p. of* **connaître** known

conquête *f.* conquest

consacrer to devote, give

consciencieux, consciencieuse conscientious

conscient aware, conscious

conseil *m.* advice, council;

donner des — s to give advice

conservateur, conservatrice conservative

considérer to consider

consister to consist

constater to state, declare, say

construire to build, construct

consulter to consult

contenir to contain

content happy, glad, pleased

contester to question, contest

continuellement continually

continuer to continue

contradictoire contradictory

contraire *m.* opposite, contrary; **au —** on the contrary

contrairement contrary

contravention *f.* traffic ticket

contre against

contribuer to contribute

contrôle *m.* control

contrôler to control

convertir to convert

convoi *m.* convoy

copain *m.* friend, pal

copie *f.* copy

copieux, copieuse abundant, copious

coque *f.* shell; **œuf à la —** soft-boiled egg

corps *m.* body

correspondre to correspond

corriger to correct

côté *m.* side, direction, way; **à — de** beside; **de l'autre — de** on the other side of; **du — de** toward, in the direction of

côte *f.* coast; **Côte d'Azur** the French Riviera

Côte d'Ivoire *f.* the Ivory Coast

coucher: se — to go to bed

couleur *f.* color

coup *m.* blow, hit, stroke; **du premier —** on the first try

cour *f.* courtyard, court

courageux, courageuse brave, courageous

courant: au — de in the know, "in on," informed

courir to run, run after
cours *m.* class, course; **au — de** during, in the course of
course *f.* race, errand, course
court short
courtois courteous
couru *p.p. of* **courir** ran
couteau *m.* knife
coutume *f.* custom, habit
couvert *p.p. of* **couvrir** covered
couvrir to cover
cravate *f.* tie
créer to create
cri *m.* cry, shout
crier to shout, cry out
criminel *m.* criminal
crise *f.* crisis; **— cardiaque** heart attack
critique *f.* criticism; **faire la — to criticize**
critiquer to criticize
croire to believe, think
croissant *m.* French breakfast roll
cuisine *f.* food, cuisine, kitchen; **faire la —** to cook
culte *m.* cult
cultivé educated, cultured
cultiver to cultivate
culturel, culturelle cultural
curieux, curieuse curious
curiosité *f.* curiosity
cycliste *m. & f.* (bicycle) rider
cynique cynical
cynisme *m.* cynicism

D

d'abord first, at first
d'accord: être d'accord to agree
dame *f.* lady, woman
Danemark *m.* Denmark
danger *m.* danger; **être en —** to be in danger
dangereusement dangerously
dangereux, dangereuse dangerous
danois *m.* Danish
dans in, into, within

danse *f.* dance
danser to dance
dater to date
davantage more
de of, from, by; *as partitive* some, any
début *m.*: **au —** at the beginning
décider to decide
décision *f.* decision; **prendre une —** to make a decision
déclaration *f.* statement
déclarer to state, declare
décorer to decorate
découvert *p.p. of* **découvrir** discovered
découvrir to discover
décrire to describe
défendre to forbid, defend; **défense de fumer** no smoking!
définitif, définitive final, definitive
déguiser to disguise
déjà already
déjeuner to eat lunch
déjeuner *m.* lunch; **petit —** breakfast
délibéré deliberate
délibérément deliberately
délicieux, délicieuse delicious
demain tomorrow
demande *f.* request; **faire une — to apply (for a job)**
demander to ask, demand
demi half; **une — -carafe** half a pitcher or carafe; **une — -heure** half an hour
démon *m.* demon; **— du volant** speed demon
dénoter to denote, indicate
dentiste *m.* dentist
départ *m.* departure, start
dépasser to pass, exceed; **— la limite de vitesse** to exceed the speed limit
dépendre to depend
dépit *m.*: **en — de** in spite of
déposer to deposit
depuis since, for, from; **— combien de temps** how

long?; **— deux ans** for two years; **— quand** how long?; **— 1976** since 1976
dernier, dernière last, most recent; **en dernier lieu** finally
derrière behind
dès from, since; **— la première nuit** since the first night
désagréable unpleasant
désavantage *m.* disadvantage
descendre to descend, go down, come down
déserté deserted
désir *m.* desire, wish
désirer to desire, wish, want
désolé: je suis vraiment — I am very sorry
dessin *m.* drawing, plan, sketch
dessiné drawn; **bande —é** comic strip
dessiner to draw
destinée *f.* destiny, fate
détaillé detailed
déterminer to determine
détester to hate, dislike, detest
détour *m.* detour; **faire un —** to take a detour
détruire to destroy
deux two; **couper la baguette en —** to cut the baguette in half
deuxième second
devant in front of, before
développement *m.* development
développer to develop
devenir to become
devez *pres. of* **devoir** must, are to, have to
devise *f.* motto
devoirs *m. pl.* homework
devrais, devrait, devraient *cond. of* **devoir** ought, should
diable *m.* devil; **aller au —** to go to hell; **l'Ile du Diable** Devil's Island
diagnostic *m.* diagnosis
dicter to dictate
dictionnaire *m.* dictionary
différer to differ
difficile hard, difficult

difficulté *f.* difficulty
dimanche *m.* Sunday
dîner *m.* supper, dinner
dîner to dine, eat dinner
diplomate diplomatic
dire to say, tell; **c'est-à- —** that is to say; **vouloir —** to mean
directement directly
directeur *m.* director
dirigeable *m.* dirigible
discipliner to discipline
discuter to discuss
disque *m.* record
distinguer to distinguish
divers different, various
diversité *f.* diversity
diviser to divide
dix ten
dixième *m.* tenth
dizaine *f.* around ten
docilité *f.* docility, obedience
docteur *m.* doctor
doit, doivent *pres. of* **devoir** must, is to, has to
domaine *m.* area, domain
donc then, so, therefore
donner to give; **— rendez-vous** to make an appointment with, arrange to meet
dont whose, of whom, of which
dormir to sleep
dos *m.* back; **tourner le —** to turn one's back
doubler to double, pass
douche *f.* shower
doute *m.* doubt; **sans —** probably
douter to doubt
doux, douce soft, sweet, mild
douzaine *f.* dozen
douze twelve
drame *m.* play, drama, story
droit straight, right; **tout —** straight (ahead); **— m.** right
droite *f.* right; **à —** to the right
dû *p.p. of* **devoir** must, have to
duper to fool, dupe
dur hard; **les œufs — s** hard-boiled eggs; **travailler —** to work hard

durer to last
durée *f.* duration
dynamique dynamic

E

eau *f.* water
échanger to exchange, trade; **— contre** to exchange for
échec *m.* failure
échelle *f.* ladder
école *f.* school
économe economical, thrifty
économie *f.* economy; **les — s** savings
économique economical
écouter to listen
écrire to write; **machine à —** typewriter
écriture *f.* writing, handwriting
écrivain *m.* writer
éducation *f.* upbringing, education
éduquer to educate
effet *m.* effect; **en —** in fact, as a matter of fact
égalité *f.* equality
église *f.* church
Egypte *f.* Egypt
électrique electric
élément *m.* item, point
éléphant: monter sur un — to ride an elephant
élève *m. & f.* pupil, student
éliminer to eliminate
elle *f.* she, it, her; **elle-même** herself
élongation *f.*; **des exercices d' —** stretching exercises
emmener to take (away)
émission *f.* broadcast
émotif, émotive emotional
empereur *m.* emperor
emploi *m.* job, work
employé employee
employer to use

emporter to take (away), carry (away)
emprisonnement *m.* imprisonment
en in, into, as a, made of, of it, of them, some, any
encercler to encircle
enchanté delighted, enchanted
enchanteresse *f.* enchanting
encore still, yet, even; **— une fois** once again
encourager to encourage
encyclopédie *f.* encyclopedia
endormir: s' — to go to sleep
endroit *m.* place, spot
énergique energetic
enfant *m. & f.* child
enfer *m.* hell
enfermer to close up, close in
enfin finally, at least, after all
ennemi *m.* enemy
ennui *m.* boredom
ennuyer: s' — to get bored, be bored
énorme enormous
enquête *f.* survey, search, investigation
enseigner to teach
ensemble together; **dans l' —** on the whole
ensuite next, then
entendre to hear; **bien entendu** of course
enthousiaste enthusiastic
entier, entière entire, whole
entièrement entirely, completely
entre between, among
entrée *f.* entrance
entreprise *f.* business
entrer to enter, go in
envers toward, in regard to
envie *f.* desire, envy; **avoir — de** to feel like, want to
envoyer to send
époque *f.* time, period
épreuve *f.* test, feat
éprouver to feel
équilibré balanced
équipe *f.* team

erreur *f.* error, mistake
escargot *m.* snail
esclavage *m.* slavery
Espagne *f.* Spain
espagnol Spanish
espèce *f.* kind, species
espérer to hope
esprit *m.* spirit, mind, wit
essayer to try
essence *f.* gasoline
essentiellement essentially
est *m.* east; **à l'** — to the east
est *pres. of* **être** is
esthétique esthetic
estimer to estimate
estomac *m.* stomach; **avoir mal à l'** — to have a stomach ache
et and; — . . . — both . . . and
établir to establish
établissement *m.* establishment
état *m.* state, condition; **en bon** — in good condition; **les Etats-Unis** the United States
été *m.* summer; **école d'** — summer school; **en** — in the summer
été *p.p. of* **être** been
êtes *pres. of* **être** are
ethnique ethnic
étrange strange, odd
étranger, étrangère foreign, foreigner
être to be
étude *f.* study; **faire une** — to make a study
étudiant *m.* student
étudier to study
eu *p.p. of* **avoir** had
européen, européenne European
eux *m. pl.* them; — **-mêmes** themselves; **chez** — (at, to their) home
évader: s' — to escape
évasion *f.* escape, flight
événement *m.* event
évoquer to evoke
exactement exactly

exagérer to exaggerate
examen *m.* test, exam; **passer un** — to take a test; **réussir à un** — to pass a test
examiner to examine
excès *m.* excess; — **de vitesse** speeding
excité excited
excursion *f.* trip, outing, excursion; **faire une** — **en bateau** to take a boat ride
exemplaire *m.* example, copy
exemple *m.* example; **par** — for example
exercer: — **une profession** to practice a profession
exercice *m.* exercise
exister to exist
exotique exotic, foreign
expliquer to explain
exploit *m.* feat, exploit, deed
explorateur *m.* explorer
explorer to explore
exporter to export
exposer to expose
exprimer to express; **s'** — to express oneself
extérieur exterior; **à l'** — outside
extrait *m.* excerpt
extraordinaire extraordinary
extrêmement extremely
extroverti extroverted, outgoing

F

fabrication *f.* manufacture
fabriquer to manufacture, make
fabuleux, fabuleuse fabulous
facile easy
facilement easily
façon *f.* way, manner
faible weak
faim *f.* hunger; **avoir** — to be hungry
faire to do, make; — **attention**

to pay attention; — **de l'auto-stop** to hitchhike; — **les bagages, les valises** to pack; — **les courses** to go shopping; — **beau** to be fine weather; — **du camping** to camp; — **chaud** to be hot (weather); — **le clown, l'idiot** to act like a clown, act silly; — **une demande** to apply (for a job); — **froid** to be cold (weather); — **le marché,** to go shopping; — **mauvais** to be bad (weather); — **partie** to be a part; — **un pique-nique** to have a picnic; — **une promenade** to take a walk; — **un rêve** to have a dream; — **du ski** to ski; **il se fait tard** it's getting late; — **un voyage** to take a trip; **Quel temps fait-il?** what's the weather like?
fais, fait *pres. of* **faire** do, make
fait *m.* fact
falloir (faut, faudra, faudrait, fallait) to be necessary, must, have to, need
fameux, fameuse famous
familial pertaining to the family
familiariser to familiarize
famille *f.* family; **en** — with the family; **nom de** — last name
fantaisie *f.* imagination
fasciner to fascinate
fatigue *f.* fatigue; **être mort de** — to be dead-tired
fatiguer to fatigue, tire
faut *pres. of* **falloir** is necessary
faute *f.* error, fault
faux, fausse false, incorrect; **vrai ou** — true or false
faveur *f.* favor; **en** — in favor
favori, favorite favorite
féminité *f.* femininity
femme *f.* woman, wife
fenêtre *f.* window
fer *m.* iron

ferais *cond. of* **faire** would do, would make

fermer to close, shut; **— à clef** to lock

féroce ferocious

fête *f.* festival, holiday

feu *m.* fire; **— vert** green light

fier, fière proud

fierté *f.* pride

fille *f.* daughter, girl; **jeune —** girl

film *m.* film; **— d'aventure** adventure film

fils *m.* son

fin *f.* end

financier, financière financial

financièrement financially

finir to finish, end; **— par** to end up

finlandais Finnish

Finlande *f.* Finland

firme *f.* firm, business

fixe fixed

flamand *m.* Flemish

fleur *f.* flower

fleuriste *m. & f.* florist

fleuve *m.* river

flic *m.* (*popular*) cop

Floride *f.* Florida

flûte *f.* flute; **jouer de la —** to play the flute

fois *f.* time; **encore une —** again, once more; **une — par semaine** once a week

folklorique popular, folk; **chanson —** folk song

folle crazy woman

fonctionner to work, function

fondateur *m.* founder

font *pres. of* **faire** do, make

football *m.* soccer, football

force *f.* force, strength

forcément necessarily; **pas —** not necessarily

forcer to force, make, oblige

forêt *f.* forest

formalité *f.* formality

forme *f.* form, kind

former to form

formidable great, terrific

formule *f.* formula

fort strong, loud, very

fossé *m.* ditch, "gap"

fou, folle crazy, mad

français French

francophone pertaining to speakers of French

freiner to put on the brakes

freins *m. pl.* brakes

fréquemment frequently

frère *m.* brother

frivole frivolous

froid *m.* cold; **avoir —** to be cold (of persons); **faire —** to be cold (of weather); **sang — composure,** "cool"

fromage *m.* cheese

fumer to smoke; **défense de — no smoking**

furieux, furieuse furious, mad

futaie *f.* wood

futilité *f.* futility

futur *m.* future

G

gagner to win, earn

garçon *m.* boy, waiter

garder to keep, hold

gardien *m.* guardian, caretaker

gare *f.* railway station

gâteau *m.* cake

gauche left; **à —** to (on) the left

Gaule *f.* ancient name of France

gaz *m.* gas; **— carbonique** carbon dioxide

gendarme *m.* policeman

généalogique genealogical

général general; **en —** in general, generally

généralement generally

généraliser to generalize

généralité *f.* generality

généreux, généreuse generous

générosité *f.* generosity

genre *m.* kind, type

gens *m. & f.* people, persons; **jeunes —** young people, young men

gentil, gentille nice, kind

gentillesse *f.* kindness

géographique geographical

geste *m.* gesture; **faire des — s** to make gestures

goût *m.* taste

gouvernement *m.* government

gouverner to govern, control

grâce grace, elegance; **— à l'aide** thanks to the help

grande big, tall, large, great, important

grand-mère *f.* grandmother

graphologie *f.* graphology

graphologique: analyse — handwriting analysis

graphologue *m.* graphologist, handwriting expert

grave serious

grec, grecque Greek

Grèce *f.* Greece

greffier *m.* court clerk

grillé toasted; **pain —** toast

gros, grosse big, large, fat

grotte *f.* cave, cavern

groupe *m.* group

guerre *f.* war; **deuxième — mondiale** World War II

Guinée *f.* Guinea

guitare *f.* guitar

Guyane *f.* Guiana

gymnastique *f.* **faire de la —** to exercise

H

*(Words beginning with an aspirate **h** are shown by an asterisk)*

habiller to dress; **bien habillé** well-dressed

habitant *m.* inhabitant

habiter to live, dwell, inhabit

habitude *f.* habit, custom

habitué accustomed

habituel, habituelle habitual, usual

habituellement habitually

*****handicappé** handicapped

*****hanter** to haunt

harmonie f. harmony

*haut high, tall, loud; tourner vers le — to turn up, go up

*hauteur f. height

*Haute-Volta f. Upper Volta

hein what (what did you say), huh?

*héros, héroïne hero, heroine

hésiter to hesitate

heure f. hour, time (of day), o'clock; à l' — on time; de bonne — early; de l' — an hour; vers dix — s around ten o'clock; une demi- — a half hour

heureusement fortunately, happily

heureux, heureuse happy

histoire f. story, history

historique historical

hiver m. winter

*hollandais Dutch

*Hollande f. Holland

homme m. man; — d'affaires businessman; — d'état statesman; — politique politician

*Hongrie f. Hungary

*hongrois Hungarian

honnête honest

hôpital m. hospital

horizontalement horizontally

hospitalier, hospitalière hospitable

hostilité f. hostility

*huit eight

humain human

humanitaire humanitarian

humeur f. mood; être de bonne — to be in a good mood; être de mauvaise — to be in a bad mood

humour m. humor

I

ici here

idéaliste idealistic

idée f. idea

identifier to identify

identité f. identity

il m. he, it; — y a there is (are), ago

île f. island

illogique illogical

illustre famous

illustrer to illustrate

ils m. pl. they

image f. picture, image

imaginaire imaginary

imaginer to imagine

imiter to copy, imitate

immédiatement immediately

impressionnant impressive

impressionner to impress

imprudent rash, not smart, not careful

impulsif, impulsive impulsive

Inde f. India

indépendance f. independence

indicateur m.: panneau — roadway sign

indien, indienne Indian

indiquer to indicate, show

indiscret, indiscrète indiscreet, nosy

individu m. individual

individualiste individualistic

industriel, industrielle industrial

inégalité f. inequality

inexplicable unexplainable

inférieur inferior, lower

influencer to influence

informé informed

injuste unfair, unjust

injustifié unjustified

inquiet, inquiète worried

installer to install, set up, place

institut m. institution, institute

intellectuel, intellectuelle intellectual

interdiction f.: — de doubler no passing

interdit forbidden; il est — de klaxonner it is forbidden to blow your horn

intéressant interesting

intéresser to interest

intérêt m. interest

intérieur interior; à l' — inside

interminable endless, interminable

interroger to interrogate

interrompre to interrupt

interviewer to interview

intimidé: être — to be intimidated

intitulé entitled

intrigant fascinating, intriguing

intriguer to fascinate, intrigue

introverti introverted

intuitif, intuitive intuitive

inutile useless

inventer to invent

invité m. guest

inviter to invite

irlandais Irish

Irlande f. Ireland

ironiquement ironically

irritant irritating, bothersome

isolement m. isolation

isoler to isolate

isolé deserted, isolated

Italie f. Italy

italien, italienne Italian

itinéraire m. itinerary

J

jalousie f. jealousy

jaloux, jalouse jealous

jamais never, ever; ne ... — never

jambe f. leg

janvier m. January

Japon m. Japan

japonais Japanese

jardin m. garden

je I

jeter to throw

jeu m. game; les Jeux Olympiques the Olympic Games

jeudi m. Thursday

jeune young: — fille girl; — s gens young people, young men

jeunesse *f.* youth; **auberge de — youth hostel**

la Joconde the Mona Lisa

joie *f.* joy

joli pretty

jouer to play

jour *m.* day; **une fois par —** once a day; **mon — de chance** my lucky day; **le — de Noël** Christmas day; **tous les —s** every day

journal (*pl.* **journaux**) *m.* newspaper

journaliste *m.* journalist, reporter

journée *f.* day; **Bonne —** Have a nice day!

juge *m.* judge

jugement *m.* judgment

juger to judge

juif, juive Jewish

juillet *m.* July

jupe *f.* skirt

juridique judicial

jus *m.* juice; **— de fruit** fruit juice

jusque as far as, until, up to

juste just, correct, right

justifier to justify

K

kilo (= **kilogramme**) *m.* kilogram

kilomètre *m.* kilometer

klaxonner honk

L

là there, in that, then, here

là-bas there, over (down) there

lac *m.* lake

lagon *m.* lagoon

laisser to leave, let, allow

lait *m.* milk

langue *f.* language, tongue

large wide, broad, large

lavage *m.* washing

laver to wash; **se —** to wash (oneself); **machine à —** washing machine

leçon *f.* lesson

lecture *f.* reading

léger, légère light

lendemain *m.* the next day, the following day; **le — matin** the next morning

lent slow

lentement slowly

lequel, laquelle which, which one

lettre *f.* letter

leur their, (to) them

lever to raise; **se —** to get up

lève-tard *m.* late riser

lézard *m.* lizard

Liban *m.* Lebanon

libéral, (*m. pl.* **libéraux**) liberal

libérer to liberate, free

liberté *f.* freedom, liberty

libre free

lieu *m.* place; **au — de** instead of; **en premier —** in the first place; **avoir —** to take place; **en dernier —** in the last place

ligne *f.* line

limite *f.* limit; **dépasser la —** to exceed the (speed) limit; **— de vitesse** speed limit

limiter to limit

linguistique linguistic

liquide *m.* liquid

liquider to liquidate, abolish

lire to read

Lisbonne Lisbon

liste *f.* list

lit *m.* bed; **rester au —** to stay in bed; **faire son —** to make one's bed

litre *m.* liter

littéralement literally

littérature *f.* literature

livre *m.* book; **— f.** pound

logement *m.* lodging

loger to stay, be lodged

logique logical

loi *f.* law

loin far; **de —** from a distance

loisir *m.* leisure

Londres London

long, longue long; **le long de la Seine** along the Seine; **long de 3 000 kilomètres** 3000 kilometers long

longtemps long, a long time

loterie *f.* lottery

louer to rent

lu *p.p.* of **lire** read

lucide lucid, clear, sane

lui (to, for) him, (to, for) her

lumière *f.* light

lumineux, lumineuse luminous, glowing

luminosité *f.* luminosity, brightness

lundi *m.* Monday

lune *f.* moon

lunettes *f. pl.* glasses; **— de soleil** sunglasses

lutte *f.* wrestling, struggle

luxe *m.* luxury; **hôtel de —** luxury hotel

Luxembourg *m.* Luxemburg

luxueux, luxueuse luxurious

lycée *m.* French secondary school equivalent to the American high school and junior college

---

M

ma *f.* my

machine *f.* machine; **— à écrire** typewriter; **— à laver** washing machine

magasin *m.* store

magazine *m.* magazine

Maghreb *m.* the North African countries of Morocco, Algeria and Tunisia

magnifique terrific, great, magnificent

mai *m.* May

maigre skinny

main *f.* hand; **levez la —** raise your hand

maintenant now

mais but

maison *f.* house; **à la —** at home, home

majorité *f.* majority

mal badly, poorly, ill

mal *m.*: **avoir — aux dents** to have a toothache; **avoir — à l'estomac** to have a stomach ache; **avoir — à la gorge** to have a sore throat; **avoir — à la tête** to have a headache; **un — de tête** headache

malade sick

maladie *f.* sickness

maladroit clumsy, awkward

malchance *f.* bad luck; **porter —** to bring bad luck

malgache pertaining to Madagascar (the Malagasy Republic)

malheur *m.* misfortune; **porter —** to bring bad luck

malheureusement unfortunately

malheureux, malheureuse unhappy, unfortunate

malhonnête dishonest

manger to eat

manière *f.* way, manner

manifestation *f.* demonstration

manifester to demonstrate, show, protest

marchand *m.* merchant

marchandises *f. pl.* merchandise

marche *f.* walk, step; **— à pied** walking

marché *m.* market; **bon —** cheap, inexpensive; **faire le —** to do the shopping; **le Marché Commun** the Common Market

marcher to walk, run (as a machine)

mardi *m.* Tuesday

mari *m.* husband

mariage *m.* marriage

marier: se — to marry

marin *m.* sailor

Marine *f.* Navy

Maroc *m.* Morocco

marquer to mark, indicate

marre: J'en ai — I'm fed up

mars *m.* March

masque *m.* mask

match *m.* game; **— de football** soccer, football game

matériel *m.* material

mathématicien, mathématicienne mathematician

mathématiques *f. pl.* mathematics

maths: les — math

matière *f.* matter; **les — s premières** raw materials

matin *m.* morning; **le lendemain —** the next morning, the following morning

matinal pertaining to the morning

mauvais bad; **il fait —** the weather is bad

me (to) me, (to) myself

mécanicien *m.* mechanic

médecin *m.* doctor; **aller chez le —** to go to the doctor's

médecine *f.* medicine

médiocrité *f.* mediocrity

Méditerranée *f.* Mediterranean

se méfier to distrust

meilleur best, better

mélancolique sad, gloomy, melancholy

membre *m.* member

même same, even; **de —** likewise, in the same way; **en — temps** at the same time; **moi- —** myself; **quand —** just the same, anyway; **tout de —** just the same, anyway

menacer to threaten

ménage *m.* housework, household

mener to lead

mentalement mentally

mentalité *f.* mentality

mentionner to mention

mer *f.* sea; **au bord de la —** at the seashore

merci *f.* mercy; thank you

mercredi *m.* Wednesday

mère *f.* mother

mériter to earn, merit

merveilleux, merveilleuse wonderful, admirable

mesquinerie *f.* pettiness

mesure *f.* measure; **dans une certaine —** to a certain extent

mesurer to measure

métallique metallic

méticuleux, méticuleuse meticulous

métier *m.* trade, business, profession

mètre *m.* meter; **— carré** square meter

métro *m.* subway

mettre to put, put on, wear, set; **— au courant** to inform

meurt *pres. of* **mourir** dies

Mexique *m.* Mexico

microbiologie *f.* microbiology

midi *m.* noon; **le Midi de la France** the South of France

mieux better, best; **aimer —** to prefer; **valoir —** to be better

migraine *f.* headache, migraine

milieu *m.* midst, middle, environment; **au —** in the middle

militaire military

mille *m.* thousand

milliard *m.* billion

millier *m.* thousand

millimètre *m.* millimeter

mince thin

minéraux *m. pl.* minerals

minime small, insignificant

ministère *m.* ministry

ministre *m.* minister

minorité *f.* minority

minuit *m.* midnight

mise en scène *f.* directed by

missionnaire *m.* missionary

mode *f.* fashion; **à la —** in style

modèle *m.* model

modéré moderate; **un climat — a** moderate climate

moderne modern

modeste modest

moi me, I; **— -même** myself

moins less, least; **au —** at least; **de — en —** less and less; **— de** less than; **plus ou —** more or less

mois *m.* month

moitié *f.* half

monastère *m.* monastery

monde *m.* world, people; **il y a moins de —** there are fewer people; **tout le —** everybody

mondial pertaining to the world; **la deuxième guerre — e** the Second World War

monnaie *f.* change, (money); **pièce de —** coin

monotonie *f.* monotony

monsieur (*pl.* **messieurs**) *m.* Mr., sir, gentleman

mont *m.* mountain, mount

montagne *f.* mountain

montagneux, montagneuse mountainous

monter to go up, rise, bring up, get on, get in

montre *f.* watch; **ma — retarde** my watch is slow

montrer to show

moquer: se — to make fun; **ils se moquent de lui** they make fun of him

morale *f.* ethics, morals

moralité *f.* morality

morceau *m.* piece

mort *f.* death

mort *p.p. of* **mourir** died, dead; **— de fatigue** dead-tired

Moscou Moscow

mot *m.* word; **— à —** word for word

moteur *m.* motor

motiver to motivate

moto *f.* motorcycle

motocyclette *f.* motorcycle

mots-croisés *m.* crossword puzzle

mourir to die

mouvement *m.* movement

moyen *m.* means, middle; **le Moyen Orient** the Middle East; **— de transport** means of transportation

moyenne *f.* average

multiplier to multiply

mur *m.* wall

musée *m.* museum

musicien, musicienne musician

musique *f.* music

musulman *m.* Moslem

mutuel, mutuelle mutual

mystérieux, mystérieuse mysterious

mythe *m.* myth

N

nager to swim

naïf, naïve naive

naissance *f.* birth; **la date de — birthdate**

natation *f.* swimming

nationalité *f.* nationality

nature *f.* nature; **café —** black coffee

naturel, naturelle natural

nautique: le ski — water skiing

ne no, not; **ne . . . jamais** never; **ne . . . ni . . . ni** neither . . . nor; **ne . . . pas** not, no; **ne . . . personne** nobody; **ne . . . plus** no longer; **ne . . . que** only, nothing but; **ne . . . rien** nothing

né *p.p. of* **naître** born

nécessaire necessary

nécessairement necessarily

nécessité *f.* necessity, need

neige *f.* snow

neiger to snow

nettoyer to clean

neuf nine

neveu *m.* nephew

ni neither, nor

Nil *m.* the Nile

niveau *m.* level

Noël *m.* Christmas

noir black

noix *f.* nut; **— de coco** coconut

nom *m.* name; **— de famille** last name

nombre *m.* number

nombreux, nombreuse numerous

non no; **— plus** not . . . either, neither; **— seulement** not only

nord *m.* north

normalement normally

Normandie *f.* Normandy, province in northwestern France

Norvège *f.* Norway

norvégien, norvégienne Norwegian

nos our

nostalgie *f.* homesickness

notamment particularly

noter to note, notice

notre our

nous we, (to) us; **— -mêmes** ourselves

nouveau, nouvelle new; **la Nouvelle Zélande** New Zealand

nouvelle *f.* piece of news

novembre *m.* November

nucléaire nuclear; **centrale —** nuclear power plant

nudiste *m. f.* nudist

nuit *f.* night; **boîte de —** night club

numéro *m.* number

nu nude, bare; **pieds — s** barefoot

nutritif, nutritive nutritious

O

objet *m.* object
obliger to oblige; **être — é de** to be obliged to, have to
obsédé obsessed
observateur *m.* observer
observer to observe, notice
obtenir to obtain, get
occulte occult
occupé busy, occupied; **la ligne est — e** the line is busy
octobre *m.* October
odeur *f.* smell, scent
œuf *m.* egg; **— à la coque** soft-boiled egg; **— dur** hard-boiled egg
œuvre *f.* work
officiel, officielle official
officiellement officially
offrir to offer
offre *f.* offer
oignon *m.* onion
olympique olympic; **les Jeux Olympiques** the Olympic Games
on one, somebody, we, they, people
oncle *m.* uncle
onze eleven
opposé opposite, opposed
ordinaire ordinary
ordre *m.* order
organisation *f.* organization
organiser to organize
Orient *m.* Orient, east; **le Moyen Orient** the Middle East
origine *f.* origin
ou or; **ou . . . ou** either . . . or; **— bien** or else, or
où where, when
oublier to forget
ouest *m.* west
oui *m.* yes
ouvert *p.p. of* **ouvrir** opened
ouvre-boîte *m.* can opener
ouvrier, ouvrière worker
ouvrir to open

P

pacifique calm, peaceful
Pacifique *m.* Pacific
pain *m.* bread; **— beurré** buttered bread; **— grillé** toast
paire *f.* pair
paix *f.* peace
palais *m.* palace
palmier *m.* palm tree
pancarte *f.* sign
panique *f.* panic; **être pris de —** to be panic stricken
panne: être en — to have car trouble
panneau *m.* sign; **— indicateur** road sign
pantalon *m.* pants
pape *m.* pope
papier *m.* paper; **feuille de —** sheet of paper; **serviette en —** paper napkin
papillon *m.* butterfly
paquet *m.* package
par by, through, by means of; **— contre** on the other hand; **— exemple** for example; **— ici, — là** over here, over there; **une fois — jour** once a day
paradis *m.* paradise
paraît *pres. of* **paraître** seems, appears
paraître to seem, appear
parapluie *m.* umbrella
parc *m.* park
parce que because
parent *m.* parent, relative
parfait perfect
parfum *m.* perfume
parfumé *m.* scented, fragrant
parisien, parisienne Parisian
parler to speak, talk; **— plus fort** to speak louder
parmi among
partager to share
partenaire *m. f.* partner
parti *m.* party; **— politique** political party

participer to participate, take part
particulier, particulière particular, special; **leçon particulière** private lesson
particulièrement particularly
partie *f.* part; **faire — de** to be a part of; **surprise- —** party
partir to leave, depart
partout everywhere
pas not, no; **ne . . . pas** not, no; **pas de** no; **pas du tout** not at all
pas *m.* step
passager, passagère passenger
passé *m.* past
passeport *m.* passport
passer to spend, pass; **— son temps** to spend one's time; **— un examen** to take a test
passe-temps *m.* pastime
passionnant thrilling, exciting
passionné passionate
passivité *f.* passiveness
patiemment patiently
pâtisserie *f.* pastry
patron, patronne boss, owner
pauvre poor
payer to pay
pays *m.* country, area
paysan, paysanne peasant
peindre to paint
peine *f.* difficulty, pain; **ça vaut la —** it's worth the trouble
peintre *m.* painter
peinture *f.* painting
pencher to lean
pendant while, during, for; **— que** while
pénitentiaire: colonie — penal colony
penser to think; **penser à** to think of (about); **— de** to have an opinion of
perceptif, perceptive perceptive
perdre to lose
père *m.* father
perfectionner to perfect

périodiquement periodically

permettre to allow, let, permit

permis: — de conduire *m.* driver's license

Perse *f.* Persia (Iran)

persécuter to persecute

personnage *m.* character

personnalité *f.* personality

personne *f.* person; **ne . . . personne** nobody, no one

personnel, personnelle personal

personnellement personally

persuader to persuade, convince

pessimiste *m. & f.* pessimist

pétanque *f.* a type of outdoor bowling popular in southern France

petit small, little, short; **— ami** boyfriend; **—e amie** girlfriend; **— déjeuner** breakfast; **— fils** grandson

pétrifié petrified

pétrole *m.* oil

peu little, a little, somewhat; **à — près** nearly, almost; **un — a** little; **— à —** little by little; **— de** little; **— de chose** not much, nothing much

peur *f.* fear; **avoir —** to be afraid; **faire — à** to scare, frighten

peut *pres. of* **pouvoir** can

peut-être perhaps

peuvent *pres. of* **pouvoir** can

peux *pres. of* **pouvoir** can

pharmacie *f.* drug store

pharmacien, pharmacienne pharmacist

phénomène *m.* phenomenon

philosophe *m. f.* philosopher

philosophie *f.* philosophy

photographe *m.* photographer

photographier to photograph, take a picture

phrase *f.* sentence

physique physical

pièce *f.* piece; **— de monnaie** coin; **— de théâtre** play

pied *m.* foot; **aller à —** to walk; **— s nus** barefoot

pierre *f.* stone; **— tombale** tombstone

pilote *m.* pilot, driver

piloter to drive, steer, fly

pin *m.* pine (tree)

pionnier *m.* pioneer

pique-nique *m.* picnic

Pise *f.* Pisa

pittoresque picturesque

place *f.* place, seat

placer to place, set

plage *f.* beach

plaindre: se — to complain

plaine *f.* plain

plaisir *m.* pleasure; **faire — à** to please

plaît *pres. of* **plaire** please; **s'il vous —** please

plan plan, map

planète *f.* planet

planeur *m.* glider

plante *f.* plant

plaque *f.* plate

plastique plastic; **en —** made of plastic

plat *m.* dish

Platon Plato

plein full

pleinement fully

pleut *pres. of* **pleuvoir** rain

pleuvoir to rain

pluie *f.* rain

plupart *f.* most, majority

plus more; **de —** besides, more; **de — en plus** more and more; **en —** in addition

plusieurs several

pluvieux, pluvieuse rainy

pneu *m.* tire

poème *m.* poem

poésie *f.* poetry

poète *m.* poet

poids *m.* weight

point *m.* point; **— de vue** point of view

pointe *f.:* **les heures de —** rush hours

poisson *m.* fish

poivre *m.* pepper

poli polite

police *f.* police; **agent de —** policeman

policier *m.* policeman, detective

politesse *f.* courtesy, politeness

politicien *m.* politician

politique *f.* politics, political; **les hommes — s** politicians

Pologne *f.* Poland

polonais Polish

populaire popular

popularité *f.* popularity

porc *m.* pork, pig

porte *f.* door

porte-bonheur *m.* good-luck charm

porte-monnaie *m.* purse

porter to wear, bring, carry; **ça porte malheur** that brings bad luck

portugais Portuguese

poser to place; **— une question** to ask a question

posséder to possess, own, have

possibilité *f.* possibility

possible possible; **faire son —** to do one's best

postal postal; **carte — e** postcard

poste *m.* post, set; **— de télévision** television set

pour for, in order to, on account of

pourquoi why

pourra *fut. of* **pouvoir** will be able

pourrais *cond. of* **pouvoir** could

pourtant however

pousser to push

pouvez *pres. of* **pouvoir** can

pouvoir to be able, can

pouvoir *m.* power

pratique *f.* practice, practical

pratiquer to practice, do

précédent preceding

précieux, précieuse precious

précis precise, exact

précisément precisely

préciser to specify, state

prédire to predict
préférer to prefer
préhistoire *f.* prehistory
préhistorique prehistorical
préjugé *m.* prejudice
premier, première first, top; **du premier coup** on the first try; **en premier lieu** in the first place
prend *pres. of* **prendre** takes
prendre to take, catch, seize, get, eat, drink; — **une décision** to make a decision; — **le petit déjeuner** to eat breakfast; — **au sérieux** to take seriously
prenez *pres. of* **prendre** take
prénom *m.* first name
préoccupé preoccupied
préparer to prepare
près near, close; — **de** near, close (to)
présenter to present; **se** — to present oneself, appear
préserver to preserve
presque almost, nearly
prestigieux, prestigieuse prestigious, famous
prêt ready
prétentieux, prétentieuse pretentious, showy, conceited
prévoir to foresee
prier to beg, ask; **vous êtes prié de ne pas fumer** no smoking, please
prière *f.* prayer; — **de frapper** please knock
primitif, primitive primitive
printemps *m.* spring; **au** — in the spring
priorité *f.* priority
pris *p.p. of* **prendre** taken
prisonnier *m.* prisoner
privé private
prix *m.* cost, prize, value; **à tout** — at all cost
probablement probably
problème *m.* problem
procès *m.* court case, trial
prochain next
proclamer to proclaim, state

produire to produce
produit *m.* product
professeur *m.* teacher, professor
professionnel, professionnelle professional
profiter to profit; — **de l'occasion** to take advantage of the opportunity
profond deep
programme *m.* program, schedule
progrès *m.* progress
progressivement progressively
projet *m.* project, plan
promenade *f.* to walk; **faire une** — **(à pied)** to take a walk; **faire une** — **en voiture** to take a ride
promis *p.p. of* **promettre** promised
proposer to propose, suggest
propre own
propriétaire *m. & f.* owner
propriété *f.* property, ownership
prospérité *f.* prosperity
protéger to protect
protéine *f.* protein
prouver to prove
Provence *f.* Provence, a province in southeastern France
proverbe *m.* proverb
provoquer to provoke, trigger
proximité *f.* proximity
prudemment wisely, carefully
psychiatre *m.* psychiatrist
psychologie *f.* psychology
psychologique psychological
psychologue *m.* psychologist
public, publique public
publicitaire: affiche — (advertising) poster
publicité *f.* advertising, publicity
publier to publish
puis then, afterwards, next
puisque since
punir to punish
punition *f.* punishment
pupille *f.* pupil (of eye)

pur pure
puritain puritanical
pyramide *f.* pyramid
Pyrénées *f. pl.* Pyrenees, mountains in southern France

Q

qualifié qualified
qualité *f.* quality
quand when
quarante forty
quart *m.* one fourth; **neuf heures et** — a quarter after nine; **neuf heures moins le** — a quarter of nine; **un** — **d'heure** a quarter of an hour
quartier *m.* quarter, district, area, neighborhood
quatorze fourteen
quatre four
quatre-vingt-dix ninety
que that, whom, which, what, than; **ce** — , **ce qui** what, that, which; **qu'est-ce** — , **qu'est-ce qui** what; **plus jeune** — **moi** younger than I
québécois pertaining to Quebec
quel, quelle what, which; **à quelle heure** (at) what time
quelque some, any, a few; — **chose** something — **temps** some time
quelquefois sometimes
quelqu'un (*m. pl.* **quelques-uns** *f. pl.* **quelques-unes**) some, somebody, anybody
question: poser une — to ask a question
qui who, whom, which, that; **ce qui** what, that
quinze fifteen
quitter to leave
quoi what, which
quotidien, quotidienne daily

R

racine *f.* root
racisme *m.* racism
raconter to tell
rage *f.* rabies
raison *f.* reason; avoir — to be right
raisonnable reasonable
ralentir to slow down
ramener to bring back
rapide fast, quick
rapidement quickly, rapidly
rapport *m.* rapport, relationship
rarement rarely
raser: se — to shave
rassurer to reassure
rationnel, rationnelle rational, sane, sound
ravissant beautiful, ravishing
réagir to react
réaliser to carry out, accomplish
réaliste realistic
réalité *f.* reality; en — really, actually
recette *f.* recipe
recevoir to receive, invite
recherche *f.* search, research; à la — de in search of, in pursuit of
réciproquement mutually, vice versa
récit *m.* story, account
reçoit *pres. of* recevoir receives
reçoivent *pres. of* recevoir receive
recommander to recommend
recommencer to begin again
reconnaître to recognize
reconsidérer to reconsider
reconstruire to reconstruct
recréer to recreate
reçu *p.p. of* recevoir received
redevenir to become again
réduire to reduce
réel, réelle real, authentic
refaire to redo
réfléchir to think, consider

refléter to reflect
réflexion *f.* reflection
réfugié *m.* refugee
refuser to refuse
regard *m.* look, glance
regarder to look at
régime *m.* diet; suivre un — to be on a diet
règle *f.* rule, ruler
régler to control
regretter to regret, miss, be sorry
régulier, régulière regular
régulièrement regularly
réincarné reincarnated
rejeter to reject
religieux, religieuse religious
relique *f.* relic
relire to reread
remarquable remarkable
remarque *f.* remark
remarquer to notice, observe
remède *m.* remedy, cure
remerciements *m. pl.* thanks
remonter to go (back) up
remplacer to replace
rencontrer to meet, find
rendez-vous *m.* date, meeting, appointment
rendre to render, return, make; — un service à quelqu'un to do someone a favor; — visite à quelqu'un to pay someone a visit; une composition à — a paper to turn in
renseignements *m. pl.* information
rentrer to return, go back
réparer to repair
repartir to leave again
repas *m.* meal
répéter to repeat
répondre to answer
réponse *f.* answer
reportage *m.* reporting, report
repos *m.* rest
reposer: se — to rest
reprendre to take again; l'amour du bateau vous reprend your love for sailing returns

représentatif, représentative representative
représenter to represent
reproche *m.* reproach; faire des — s à quelqu'un to reproach someone
reprocher to reproach
république *f.* republic
réputé famous, known, reputed
requin *m.* shark
réservé reserved
réserve *f.* reservation
respiratoire respiratory; des exercices — s breathing exercises
responsabilité *f.* responsibility
responsable responsible
ressembler to resemble, look like
reste *m.* rest, remainder
rester to stay, remain; il lui reste environ deux heures he has around two hours left
résultat *m.* result
retour *m.* return
retourner: se — to turn over again, to turn around
retracer to retrace
retraite *f.* retreat, retirement
retrouver to find (meet) again
réunion *f.* meeting
réussir to succeed, pass; — à un examen to pass a test; — du premier coup to pass (succeed) on the first try
rêve *m.* dream
rêver to dream
réveil *m.* awakening
réveil-matin *m.* alarm clock
réveiller: se — to wake up
révéler to reveal
revenir to come back, return
revient *pres. of* revenir returns
révolte *f.* revolt
revue *f.* magazine
Rhin *m.* Rhine
Rhodésie *f.* Rhodesia
riche rich
richesse *f.* wealth

ridicule ridiculous

rien nothing; **ne . . . —** nothing; **sans — dire** without saying anything

rigoureusement strictly, rigorously

risquer to risk

rivière *f.* river, stream

robe *f.* dress

rôle *m.* role; **jouer un —** to play a role

romain Roman; **l'Empire —** the Roman Empire

roman *m.* novel

romantique romantic

rond round

rôti *m.* roast; **— de porc** pork roast

roue *f.* wheel; **— arrière** back wheel; **— avant** front wheel

rouge red

rouler to drive, travel

roumain Rumanian

Roumanie *f.* Rumania

route *f.* route, road, way; **la bonne —** the right way; **le code de la —** traffic laws; **en — on** the way

routier, routière pertaining to roads; **la borne routière** highway marker; **les signaux routiers** road signs

roux: les cheveux — red hair

royauté *f.* royalty

rue *f.* street

russe Russian

Russie *f.* Russia

S

sa *f.* his, her, its, one's

sac *m.* sack, bag

Sacré-Coeur *m.* church in Montmartre (Paris)

sadique sadistic

saint holy; **la Sainte Bible** the Holy Bible; **la Saint Valentin** Saint Valentine's Day

sainteté *f.* holiness

sais *pres. of* **savoir** know

saison *f.* season

sait *pres. of* **savoir** knows

salaire *m.* salary, pay; **un — inférieur** a lower salary

sale dirty

salle *f.* room; **— de bain** bathroom

saluer to greet

salut *m.* informal greeting, hi!

sanctuaire *m.* sanctuary

sang *m.* blood; **sang-froid** "cool," composure

sans without; **— doute** probably

santé *f.* health; **en bonne — in** good health; **en mauvaise — in** bad health

satanique satanic, devilish

satisfaire to satisfy

Saturne *f.* Saturn

saucisson *m.* sausage

sauf except

sauriez *cond. of* **savoir** would know; **sauriez-vous conduire?** Would you know how to drive?

sauter to jump

sauvage wild

sauver to save

savez, savent *pres. of* **savoir** know

savoir to know

scandaleux, scandaleuse scandalous

sceptique skeptical

scientifique scientific

scolaire pertaining to schools; **l'année —** the school year; **le travail —** school work

scrupuleusement scrupulously

scrupuleux, scrupuleuse scrupulous

se (to, for) himself, herself, itself, oneself, themselves, each other

secondaire secondary

seconde *f.* second

secours *m.* help; **au —** help!

secrétaire *m.* & *f.* secretary

sécurité *f.* security

seize sixteen

selon according to

semaine *f.* week; **une fois par — once** a week

sembler to seem, appear

sens *m.* sense, direction, meaning; **le bon —** common sense; **— interdit** one way

sensible sensitive

sensualité *f.* sensuality

sentier *m.* path

sentiment *m.* feeling, sentiment

sentinelle *f.* sentinel, sentry

sentir to smell

sentir: se — to feel

séparer to separate

sept seven

septembre *m.* September

sera *fut. of* **être** will be

serait, seraient *cond. of* **être** would be

serez *fut. of* **être** will be

série *f.* series

sérieusement seriously

sérieux, sérieuse serious; **prendre au sérieux** take seriously

seront *fut. of* **être** will be

serpent *m.* snake

serrer to grasp, shake (hands)

serviette *f.* napkin; **— en papier** paper napkin

servir to serve

ses his, her, its

seul alone, only; **tout — all** by oneself

seulement only

sexe *m.* sex

sexisme *m.* sexism

sexiste sexist, chauvinist

si if, whether, so, suppose

siècle *m.* century

signaler to point out

signaux *pl. of* **signal** signal; **— routiers** road signs

signe *m.* sign

signification *f.* meaning

signifier to signify, mean

silencieux, silencieuse silent, quiet

simplement simply

simplicité *f.* simplicity

simplifier to simplify

sincérité *f.* sincerity

sinistre sinister

situer to locate, situate

sixième sixth

ski *m.* ski; **faire du —** to ski; **faire du — nautique** to water ski

société *f.* society

sœur *f.* sister

soi oneself; **chacun pour —** every person for him- or herself

soif *f.* thirst; **avoir —** to be thirsty

soir *m.* evening; **tous les — s** every evening

soixante sixty

soixante-dix seventy

sol *m.* ground, soil

soleil *m.* sun; **il fait du —** it's sunny

solidarité *f.* solidarity

solitaire lonely; **vivre en —** to live alone

solliciter to solicit, seek

sombre gloomy, somber

somme *f.* sum

sommeil *m.* sleep

sommes *pres. of* **être** are

son *m.* his, her, its

sondage *m.*: **— d'opinion** opinion poll

sonner to ring

sont *pres. of* **être** are

sorcière *f.* witch

sorte *f.* kind, sort; **toutes — s d'animaux** all kinds of animals

sortir to leave, go out

soucoupe *f.* saucer; **— volante** flying saucer

soudain sudden, suddenly

souffrance *f.* suffering

souffrir to suffer

souhaiter to wish

soupe *f.* soup

sourire *m.* to smile

sous under; **— forme d'animaux** in the form of animals; **des — -vêtements** underwear

sous-développé under-developed

sous-estimer to underestimate

sous-marin *m.* submarine

sous-titre *m.* subtitle

souterrain under the ground

souvent often, frequently

soyez *subj. & imp. of* **être** be

spatial, m. pl. spatiaux from outer space

spécialement especially

spécialité *f.* specialty

spectateur *m.* spectator

sport *m.* sport; **faire du —** to play a sport; **terrain de —** playing field; **voiture de —** sports car

sportif, sportive athletic

squelette *m.* skeleton

stabilité *f.* stability

stade *m.* stadium

stationnement *m.* parking

stationner to park; **il est interdit de —** no parking

station-service *f.* service station

statistique *f.* statistic

stéréotypé stereotyped

stimuler to stimulate

stop *m.* stop; **faire de l'auto-stop** to hitchhike

stratégique strategic

stylo *m.* pen

su *p.p. of* **savoir** learned, discovered

substantiel, substantielle substantial

subvention *f.* support

succès *m.* success

sud *m.* south

Suède *f.* Sweden

suédois Swedish

suffisamment sufficiently, enough

suffisant sufficient

suffit, suffisent *pres. of* **suffire** suffice, be enough

suggérer to suggest

suis *pres. of* **être** am

suisse Swiss

Suisse *f.* Switzerland

suit *pres. of* **suivre** follows

suite: tout de — immediately

suivant following, next

suivez *pres. & imp. of* **suivre** follow

suivent *pres. of* **suivre** follow

suivre to follow; **— un cours** to take a class; **— un régime** to diet

sujet *m.* subject; **au — de** about, concerning

superflu superfluous, unnecessary

supérieur superior, upper, above

supériorité *f.* superiority

superstitieux, superstitieuse superstitious

sur on, upon, about; **un Français — trois** one Frenchman out of three

sûr sure, certain; **bien —** of course

sûrement certainly, surely

surmonter to overcome

surnaturel, surnaturelle supernatural

surprise-partie *f.* party

surtout especially, above all

symbole *m.* symbol

symboliser to symbolize

sympathique nice; **il a l'air —** he looks kind, nice

système *m.* system

T

ta *f.* your

tabac *m.* tobacco

table *f.* table; **être à —** to be at the table

tableau *m.* picture, table

tahitien, tahitienne Tahitian, pertaining to Tahiti

taire: se — to keep quiet

tante *f.* aunt

Tanzanie *f.* Tanzania

taper to tap, type, strike

tard late; **il se fait —** it's getting late; **plus —** later

tasse *f.* cup

tatouage *m.* tattoo

taureau *m.* bull

Tchad *m.* Chad

Tchécoslovaquie *f.* Czechoslovakia

tchèque Czech

te (to, for) you, (to, for) yourself

technicien, technicienne technician

technologie *f.* technology

télégramme *m.* telegram

télépathie *f.* telepathy

téléphoner to telephone

téléviser to televise

téléviseur *m.* television set

témoin *m.* witness

tempête *f.* storm

temporaire temporary

temps *m.* time, weather, tense; **de — en —** from time to time; **en même —** at the same time; **je passe mon — à lire** I spend (my) time reading; **tout le —** always

tendance *f.* tendency

tendresse *f.* tenderness

tenir to hold

tennis *m.* tennis; **jouer au —** to play tennis

tentative *f.* attempt

tenter to tempt

terminer to finish, terminate

terrain *m.* ground; **— de camping** campground; **— de sport** (playing) field

terre *f.* land, earth

territoire *m.* territory

tête *f.* head; **avoir mal à la —** to have a headache

texte *m.* text

thé *m.* tea

théâtre *m.* theater

théorie *f.* theory

tiède lukewarm

tient *pres. of* **tenir** holds

timbre *m.* stamp

timide shy; **avoir l'air —** to look shy

titre *m.* title

tombal: pierre — e tombstone

tomber to fall; **— amoureux** to fall in love

tonne *f.* ton

tornade *f.* tornado

torride scorching, torrid

tort *m.* wrong; **avoir —** to be wrong

tôt soon; **plus —** sooner; **le plus — possible** as soon as possible

totalement totally

totalitaire totalitarian

touchant touching

toucher to touch

toujours always, still, ever

tour *f.* tower; **—** *m.* trip; **faire le — du monde** to take a trip around the world

tourisme *m.* tourism; **l'office du —** tourist bureau

touriste *m.f.* tourist

tournant *m.* curve, bend

tourner to turn; **se —** to turn around

tout, toutes, tous, toutes all, every, quite, very; **à tout âge** at any age; **à tout prix** at all cost; **pas du tout** not at all; **tous les soirs** every evening; **tout à fait** completely; **tout de suite** immediately; **tout droit** straight ahead; **tout le monde** everyone; **tout près** very (quite) near; **tout seul** all alone

tracer to trace

traditionnel, traditionnelle traditional

tragédie *f.* tragedy

train *m.* train; **en — de** in the act of, (be) busy; **voyager en train** to travel by train

traîner: se — to drag around

traitement *m.* treatment

traiter to treat

tramway *m.* streetcar, tram

tranquille quiet, calm

tranquillement quietly, calmly

tranquillité *f.* peace, calm

transformer to change, transform

transplanter to transplant

transport *m.* transportation; **moyen de —** means of transportation

transporter to transport, carry

travail, travaux *m.* work; **les travaux forcés** hard (forced) labor

travailleur, travailleuse worker

travailler to work

traversée *f.* crossing

traverser to cross

trente thirty

très very

trésor *m.* treasure

tribu *f.* tribe

triste sad

tristement sadly

tristesse *f.* sadness

trois three; **un Français sur —** one Frenchman out of three

troisième third

trompette *f.* trumpet

trop too; **— de** too much, too many

trouver to find; **se —** to be located, be found

tsar *m.* czar

tu you

tulipe *f.* tulip

Tunisie *f.* Tunisia

Turquie *f.* Turkey

type *m.* type, guy

typique typical

typiquement typically

tyrannique tyrannical

U

un one, a, an; **l'** — **à l'autre** to each other; **les** — **s avec les autres** with each other
uni united
uniforme *m.* uniform
universel, universelle universal
université *f.* university
urbain urban
usine *f.* factory
ustensile *m.* utensil
utile useful
utiliser to use

V

va *pres. of* **aller** goes, is going; **ça** — that's all right, that's it, it's okay; **comment** — **-t-elle?** how is she?
vacances *f. pl.* vacation, holidays; **bonnes** — ! have a nice vacation; **être en** — to be on vacation; **passer des** — to spend a vacation
vaccin *m.* vaccine
vais, *pres. of* **aller** go
vaisselle: faire la — to do the dishes
valeur *f.* value
vallée *f.* valley
vandalisme *m.* vandalism
vaniteux, vaniteuse vain, conceited
vapeur *f.* vapor; **la machine à** — steam engine
varier to vary
variété *f.* variety
vas *pres. of* **aller** go
vaste vast
vaudrait *cond. of* **valoir** be worth; **il** — **mieux** it would be better
vaut *pres. of* **valoir** is worth; **ça** — **la peine** it's worth the

trouble; **il** — **mieux** it's better
vécu *p.p. of* **vivre** lived
véhicule *m.* vehicle
vélo *m.* bicycle
vendeur, vendeuse salesperson
vendre to sell
vendredi Friday
vénézuélien, vénézuélienne Venezuelan
vengeance *f.* revenge
venir to come; — **de** just, to have just
verbe *m.* verb
vérifier to verify, check
véritable real, genuine
vérité *f.* truth; **dire la** — to tell the truth
verre *m.* glass
vers toward; — **dix heures** around ten o'clock
versatilité *f.* versatility, flexibility
vert green
verticalement vertically
vertu *f.* virtue
vestige *m.* trace
Vésuve *m.* Vesuvius
vêtements *m. pl.* clothes
vétérinaire *m.* veterinarian
veuillez *polite style of* **vouloir:** — **accepter nos remerciements** please accept our thanks
veulent, veut, veux *pres. of* **vouloir** wish, want
victime *f.* victim
vie *f.* life, living; **la prison à** — life imprisonment
vieille *f. of* **vieux** old
vieillesse *f.* old age
viens, vient, viennent *pres. of* **venir** come
vieux, vieille old
ville *f.* city, town; **en** — downtown; **la** — **lumière** the City of Light (Paris)
vin *m.* wine
vingt twenty

violon *m.* violin; **jouer du** — to play the violin
visite *f.* visit; **rendre** — **à** to visit (people); **faire une** — to visit
visiter to visit (places)
visiteur, visiteuse visitor
vit *pres. of* **vivre** lives
vite quick, quickly
vitesse *f.* speed; **changer de** — to change gears
vivant alive, living
vive *subj. of* **vivre;** — long live
vivre to live
voici here is (are), there is (are)
voient *pres. of* **voir** see
voilà there is (are)
voile *f.* sail; **bateau à** — sailboat
voir to see
vois *pres. of* **voir** see
voisin neighbor, neighboring
voit *pres. of* **voir** sees
voiture *f.* car; **faire une promenade en** — to go for a ride
volant *m.* steering wheel; **démon du** — speed demon
volant flying; **soucoupe** — **e** flying saucer
volcan *m.* volcano
voler to steal, fly
volontaire voluntary, spontaneous
vont *pres. of* **aller** go
vos *pl. of* **votre** your
voter to vote
votre your; **à** — **avis** in your opinion
voudrais, voudrait, voudriez *cond. of* **vouloir** would like
voulais *imp. of* **vouloir** wanted, wished
voulez *pres. of* **vouloir** wish, want
vouloir to wish, want
voulu *p.p. of* **vouloir** wished, wanted
vous you; **vous-même (s)** yourself, yourselves

voyage *m.* trip; **faire un —** to take a trip; **partir en —** to leave on a trip
voyager to travel
voyelle *f.* vowel
voyez, voyons *pres. of* **voir** see; **voyons** let's see
vrai true
vraiment really, truly
vu *p.p. of* **voir** seen
vue *f.* view; **point de —** point of view
vulgarité *f.* vulgarity

W

wagon *m.* car (of a train)
wagon-lit *m.* pullman car

Y

y in it, at it, to it, there; **il — a** there is (are), ago
yeux *m. pl. of* **œil** eyes
Yougoslavie *f.* Yugoslavia

Z

Zaïre *m.* Zaire (formerly the Belgian Congo)